積読こそが完全な読書術である

永田希
nagata nozomi

イースト・プレス

積読こそが完全な読書術である

はじめに

普通、「積読《つんどく》」と言えば「本を買ったけれど読んでいないこと」を指します。「積ん読」と書く場合もあります。だいたいの場合、「その本、買ったんだけど積読にしちゃってて」などと、どこか「うしろめたい」ニュアンスとともに口にされる言葉でしょう。

本書は、その「積読」をあえて、「完全な読書術である」として読者に勧めるものです。

わたしは「本を紹介する」ことを仕事にしている書評家です。毎日、何冊もの本を読んでいる同業者もいるのでこう書くのには少し勇気が要るのですが、わたしも普通の人よりは多くの本を「読み」、日常的に新刊の情報を調べ、そのなかから定期的に「紹介するべき本」を選び、またその本を紹介するために関連書を「読み」、原稿を書いています。

そのような日々を送っているわたしにとって「積読」は、きわめて身近なものです。友人知人と話をする際に「その本は積読してる」と言われることもしばしば。そのたびに

「積読」している人たちは、先述の「うしろめたい」ニュアンスを漂わせます。

人はなぜ、読もうと思って買った本を「積読」してしまうのでしょうか。そして「うしろめたい」と感じながら「積読」をやめられないのでしょうか。

本書でわたしは「積読」を、大きく二種類に分類しました。

ひとつは、本（書物）に限らない、映画などの動画コンテンツ、音楽、ゲーム、演劇などさまざまな情報が日々大量に供給され、それを体験したり消費したりできないままに時間が過ぎていってしまうという「情報の濁流」の状況。この状況のなかで人々は、いやおうなく「積読」へと駆り立てられています。「積読」は辞書的な意味では「買ったけれど読んでいない」状態を指しますが、現代人はそれを「買った」かどうかはさておき、読みたい、観たい、聴きたい、遊びたい、体験したいという気持ちだけがどんどん「積まれる」状況に身を置いています。

そしてもうひとつが、その情報の濁流のなかに自律的に構築される「積読」です。本書ではこのふたつめの「積読」を「ビオトープ的積読環境」と呼んでいます。詳しくは本文で紹介しますが、「ビオトープ（biotope）」とは、生き物たちが暮らす環境のこと。人工的などビオトープは小中学校の校庭の隅に作られていたりするので、読者の皆さんにもイメージしやすいのではないかと思います。

本書の第一章では、現代の出版状況を概説することで、情報の濁流がなぜ、どのようにして加速し、現代人を「積読」へと押しやっているのかを概観します。また大量の蔵書を抱えるに至った先人たちの苦闘を追ったルポルタージュ『本で床は抜けるのか』に登場する蔵書家たちを例に挙げながら、情報の濁流と対峙する姿を辿ります。この章では、現代哲学者ジャン=リュック・ナンシーによる書物の定義「閉じと開かれのあいだにあるもの」を紹介し、本が「読まれるためのもの」であるのと同時に、矛盾するようですが「読まれないでおかれるもの」であることも書物の本質であることも紹介します。「積読」とは、この矛盾を抱えたまま書物と付き合う方法なのです。

第二章では、ベストセラーにもなったピエール・バイヤールの奇妙な読書論『読んでいない本について堂々と語る方法』、読書論の古典であるモーティマー・J・アドラー『本を読む本』や、アルトゥール・ショーペンハウアー『読書について』などを紐解きながら「読書とは何か」「積読とは何か」を検討します。ここで読者は、「本を読むこと」と「本を読んでいないこと」とに明確な境界がないことを理解できるでしょう。またバイヤールが主張する「未読」、つまり「人は完全には読書することができない」ということを受けいれることの意味についても、この章で解説します。そして、表面的にはバイヤールの主張と対立しているかのように読めるアドラーとショーペンハウアーの主張を読み合わせることで、どのようにしてそれぞれの読者が自分の「読みたい本」を決め、情報の濁流に抗うビオトープ的な積読を構築し、運用することができるのかを論じます。

第三章では、小林秀雄や齋藤孝、若松英輔らによるさまざまな読書論、読書術を題材に「どのように積読するか」を論じます。この章では「読書をするための方法」が「積読をするための方法」に読み替えられていきます。結局のところ「本を読むための方法」は「いかに本を読まないか」ということであり、「読書」は「積読」の一部でしかないということが示されます。普通、「積読」は「読書」の反対語だと考えられています。せいぜい、「読」という字が含まれているから「積読」を「読書」に含めることができる、と考える人もいる程度かもしれませんが、それすらも正しくはないのです。

第四章では、第一章で示した情報の濁流が未来にどのような読書の環境をもたらすのか、そしてその環境から読者がどのように身を守るべきなのかを提示します。第二章や第三章でも紹介するように、情報の濁流はいつの時代にもありました。人類はいつでも読み切ることができないほどの量の情報を生み出し、その濁流への対処を迫られてきたのです。技術の発展とともに、対処法も発達してきましたが、それを上回る加速度で情報は増え続けてきたし、また今後もさらに増え続けていくでしょう。情報の濁流はゆっくりと本を読むための時間を奪い、闇雲な積読へと人々を誘います。誘われるままに情報に身をさらしているうちに、人は自己肯定感を養う機会を逃し、セルフネグレクトの状態に陥る可能性があります。いま、そしてこれからの時代に「積読」がなぜ必要なのか、そしてなぜ「積読」に対する考え方を変える必要があるのか。

本書はこれらの答えとしてビオトープ的積読環境の構築と運用を提案します。ではどのように自己肯定をする「積読」の環境を構築し、その環境を運用するのか。あなたは、その方法をこれから「読む」ことになります。

目次

第二章
積読こそが読書である

第三章 読書術は積読術でもある

第四章 ファスト思考に抗うための積読

第一章

なぜ積読が必要なのか

情報の濁流に飲み込まれている

増加し続ける出版点数

現代日本は、二十世紀末のバブル崩壊以後、三十年続いた平成時代を通して不況から抜け出すことができませんでした。二十世紀の経済的繁栄を担った世代が高齢者となり、今後は経済的に日本の社会を圧迫していくことが懸念されています。加速的に進行する少子化はとどまることを知らず、経済的に衰退するだけではなく社会のあちこちが根本から崩壊することすら危惧されています。

そんななか、出版の世界も不況のどん底にあると言われています。

出版にまつわるデータを集計し、毎年発行されている『出版年鑑』（出版ニュース社）によると、二〇一六年に雑誌の売り上げが書籍の売り上げを下回りました。翌年二〇一七年には、雑誌の売り上げは前年よりさらに一割も下落しています。日本の出版物の流通は、雑誌の売り上げに依存する構造になっているので、雑誌の売り上げが書籍の売り上げを下回るということは、日本の出版のシステムが破綻し始めていることを意味しています。

書店やコンビニに雑誌を流通させるネットワークがあり、書籍はその流通網に便乗してきました。雑誌の売り上げが減少するということは、書籍の販売拠点であった書店が経済的に立ち行かなくなるということでもあるのです。なお、ここで「流通網」と呼んでいるのは、出版社（版元）から、いわゆる「リアル書店」を経由して、読者が本を手に取るという構造のことです。アマゾンが日本に上陸したのは二〇〇〇年。いわゆるリアル書店を経由しない書物の流通網についてはまた別の話です。

出版不況と言われながら、日本の出版点数は増加し続けています。正確には、出版点数のピークは二〇一三年の八万二千点で、それ以降は微減していますが、たとえば二〇一七年に出版された書物は七万五千点。この数字がどれくらい「多い」のか、約半世紀前の数字と比べてみましょう。一九六五年の出版点数は一万五千点。一万五千点でも十分に膨大な点数ですが、現在の二割、五分の一程度にすぎません。五十年間で、日本の出版点数は五倍に膨れあがっているのです。

詳しくはあとで述べますが、この膨大な出版点数は出版不況と無関係ではありません。

不況ならば出版される点数は減少するはずだと思われるかもしれませんが、これから見ていく構造的な理由により、少なくとも現在の出版界は大量の新刊を市場に送り出すことを余儀なくされているのです。

一九六五年の一万五千点から、二〇一七年の七万五千点までの約五十年のあいだ、出版点数はほぼ増え続けてきました。二〇一七年の七万五千点から一九六五年の一万五千点を差し引くと、増加分は六万点。五十年で六万点増えたので、毎年平均千二百点ずつ増加してきた計算になります。実際にはその年ごとの増加具合は一様ではありませんが、毎年千二百点ずつ増加したと考えると、この五十年間に新刊の累計は二百万点以上という計算になります。一九六五年よりも前に出版された書物を度外視し、日本で出版されたものだけを数えてこの数字です。現代人の環境には、これだけの数の情報がすでに溢れており、さらにまた毎年、何万点という書物が出版されていくのです。出版不況にもかかわらず、いや、出版不況だからこそ、出版物の点数は増え続けているのです。

一九六五年の日本の人口はまだ九千九百万人ほど。一億人にも満たない人口で、一万五千点の新刊を受け止めていました。半世紀を経て、日本の人口は一億二千万人にまで増えました。七万五千点の新刊と、この半世紀に蓄積されてきた二百万点、そしてそれ以前から蓄積されてきた既刊本を、わたしたちは抱えているのです。

なお、外国の状況はどうでしょうか。たとえば日本の約三倍の人口を擁すアメリカ合衆国の、二〇一二年の新刊の出版点数は約二十一万点。イギリスは日本よりも人口は少ないのですが、出版点数はアメリカに迫る約二十万点。ドイツも日本より人口が少ないのですが、年間九万点の新刊を出版しているそうです。集計方法で数字は大きく変わるので、単純に比較することはできませんが、今後グローバル化がいっそう進行することを考えれば、わたしたちが直面している情報量の多さの圧倒的な規模が容易に想像できるでしょう。もちろん「外国」とは米英独だけではありません。日本だけでも毎年何万点と新刊が刊行されているのに、諸外国でもそれぞれ何万点もの書物が刊行され続けているのです。そもそも人類全体の総人口が増加しているのですから、それにともなって書物の数が増えていくのも当然と言えば当然のことです。

本書は読者に「積読」を勧めるものです。しかしわざわざ勧めるまでもなく、毎年のように世界中のさまざまな国で大量の新刊が刊行されている状況を見れば、世界はすでにひとつの超巨大な「積読」の環境を形成し、その巨大さをものすごい勢いで増していっているのが分かるのです。

あらゆるメディアが積まれていく

しかも当然、現代人には新刊書籍以外にも、テレビ、ラジオ、そして新聞や雑誌といったいわゆるマスメディアの他に、インターネットを介したさまざまな情報があり、さらにはローカルメディアやミニコミや同人誌などの、最近見直されつつあるオルタナティブな情報もあります。インターネット登場後の、大きなメディア環境の変化についてはすでに多くの論者が議論を繰りひろげてきました。テレビについてもラジオについても、新聞やミニコミについても、メディアごとにさまざまな議論があります。

さまざまな情報メディアの発達と普及によって、情報を扱う産業の構造が変化し、その結果として、情報そのものも変質を続けています。

たとえば電子メール。電子メールの登場は多くの人の働き方を変化させました。電話で伝えるよりもはるかに多くの情報を伝達し、互いのパソコンや携帯端末にログが残る電子メールの登場によって、多くの人の業務は加速し、過密化することになりました。電話や郵便で連絡を取ったり、直接に足をはこんでミーティングで互いを拘束するようなそれまでの仕事のやり方が一見したところ保存されたまま、その隙間に細かくコミュニケーションが詰め込まれるようになりました。会社でも自宅でも、かつてなく高密度で高速に仕事をすることが当然だと思われるようになってきたのです。

電子メールによって仕事にもたらされたのと同じような変化が、いわゆる余暇、エンターテインメントあるいは学習の領域にも起きています。映画、音楽、ゲームなどさまざまなジャンルについて、そして公的・私的を問わない学習の領域で、五十年前、百年前、千年前にはとうてい考えられなかったような密度と速度が実現されつつあります。

高密度、高速度で仕事やエンターテインメント、学習を処理することが可能になった結果、人は処理可能な「物事」をかつてなく大量に「積む」ようになりました。

返さなければならないメール、こなさなければならないタスク、観たいけどまだ観ていない映画、聴きたいけどまだ聴いていない音楽、遊びたいけどまだ遊んでいないゲーム（いわゆる「積みゲー」）、学びたい言語、興味のある学問の分野、そして、読みたいけれどまだ読んでいない本。現代人は、これまで人類が経験したことのない規模の情報を生み出し、それにさらされて生きることを余儀なくされています。それは、人類史上もっとも情報を「積む」人々が無数に発生しているということを意味しているのです。

情報を消化しきれない時代を生きている

本書ではこのような、あらゆるメディアで情報が鑑賞されることなく氾濫し蓄積されていく状況を「情報の濁流」と呼びます。

この情報の濁流のなかで生きる人々にとっては、あらゆる情報は自分の環境にどんどん勝手に積み上がっていくように感じられるはずです。つまり、ある意味で、現代人はすでに「積読環境」に暮らしているのです。情報の濁流のなかでは、情報は勝手に積まれ、勝手に更新されていきます。その状況を前に焦ったり、茫然自失したり、自暴自棄になる人も珍しくありません。

積読環境としての情報の濁流は、情報をどんどん積み上げていくのと同時に、勝手にそれらを更新し、古い情報を押し流していきます。情報の濁流のなかで情報を摂取しようとすると、自分が摂取する端から情報が更新されていき、気がつくと半可通で取り残された気持ちになる。そしてそれは単に「そういう気持ちになる」ということではなくて、残念なことにだいたい事実です。

プライベートでもビジネスシーンでも、未読のメールが山積し、ＷＥＢブラウザのタブもいくつ開きっぱなしなのか数えたくもない。観たいと思ってチェックしておいた映画はスケジュールを調整しているあいだに封切りを迎え、気がつけば上映期間を過ぎている。かつて劇場公開に間に合わなかった映画のＤＶＤやブルーレイを買ったはいいものの、それを観る時間を取れずにそのまま積んでいる。いつかまとまった休みを取れたら一気に「消化」しようと思ってはいるものの、「消化」したいコンテンツはもう行列するように待ち受けていて、「消化」しきれるということはありません。最近はネットフリックスやアマゾンプライムビデオなどのサブスクリプションサービスが登場し、いちいち円盤を買ったりレンタルをしないでも済むようになったものの、いずれにせよ自分が観たい聞きたいと思っているコンテンツをすべて再生するだけの時間は、自分の人生に今後残されているのでしょうか。

書物はもともと「積む」ことができる形状をしているので、「積読」という表現が普及していますが、「積読」的な状況は書物にのみ限った話ではないのです。本書は読者に「読書よりまず積読を」と勧めるものですが、そもそもまず現代という時代が、人々が自発的に積読をする以前から勝手に積読的な環境を進展させているのです。書物に限定されない、あらゆるものが消費されることを待ち望み、消費されるべく勝手に積み重なっていく、そんな世界をわたしたちは生きているのです。

繰り返し述べるように、世界そのものが、すでに積読環境なのです。やりたいこと、やらなければならないことがすでに山積していて、日々、刻一刻とさらに積み重なり、互いを押し流しているのです。読みたい本を読む前に、別の読みたい本が現れ、その本を読んでいるとまた読みたい本が現れる。本を読んでいるとメールが、電話が、スマートフォンの通知が、あなたを急き立てる。あなたはどれも中途半端に放り出しつつ、そのすべてをどこかに積み上げていくしかないのです。

やりたいことをあとまわしにして、読みたいものをあとまわしにして、当面は目の前にある何かに集中する、そんなときにどこかに「積まれ」ている何か、「積読」されている書物に対して、いまその場であなたが読めないという「うしろめたさ」が生じます。

人類最古の「書物」は古代メソポタミアの粘土板だと言われています。いまから六千年前、やはり人類最古の文字と言われる楔形文字を記したもので、当時の王朝の図書館に大量に保管されていたと考えられています。この時代からすでに書物が大量に保管されるものだったということが重要です。

DVDもブルーレイも、もちろんインターネットもない時代、書物はすでに「積まれ」

ていたのです。

印刷された紙を束ねた「本」という、現在の主流のかたちになるまでに、書物にはさまざまな形態がありました。粘土板の他には古代エジプトの有名なパピルス（葦の一種を叩いて薄くのばしたもの）、石板、貝多羅葉《ばいたらよう》（ヤシなどの葉を乾燥させたもの）、樹皮や獣の皮や骨を使ったもの、そして木や竹の板やそれを束ねたもの。

木や竹の板を束ねたものは、束ごとに「冊」と呼ばれ、これはいまの書物を「一冊、二冊」と数えるときの単位として名残をとどめています。「冊」という字の形がそもそも、板を束ねたさまを表しています。

いま「本」、「書物」といったときに多くの人が思い浮かべるであろう、四角い紙を重ねて四角のひとつの辺を綴じた形態は「冊子本」と言います。この冊子本が普及するより前に一般的だったのは、文字が書かれた紙などを縦あるいは横に繋げて巻いた「巻子本」、いわゆる「巻物」でした。片方の端から開いて順に読んでいくので、冊子本で言うところのページごとの限界がないのが利点です。

冊子本にはページごとの紙幅の限界があります。その代わり、この紙幅の限界という制約と引き換えに、一冊のなかの読みたいページを開きやすいという長所があります。よく言われることですが「読みたい場所の探しやすさ」という点で冊子本と巻子本を比較する考え方は、検索性の点で電子書籍といわゆる紙の本を比較する考え方とパラレルになっていると言えるでしょう。

書物の歴史の最初期には、巻子本も冊子本も、基本的にはすべて「平置き」されていました。いわゆる「棚差し」が可能な本棚が登場していなかったので当然と言えば当然のことです。その頃はまだ書物は非常に貴重な工芸品であり、印刷技術も製本技術も未発達で量産ができず、財宝のたぐいとして扱われていたのです。

文字を書かれたもの、つまり「書物」は、何千年もの昔から、保存するためのものとして受け継がれてきました。

なお、紙や木板、竹板、粘土板と比較しても圧倒的な耐久性のある石の書物（石碑など）は、何百年も残したい言葉を記すためのメディアとして現代でも使われています。また、普通は「書物」として認識されていませんが、コンピュータが読むためのプログラムはきわめて現代的な「書物」だと言えるでしょう。

積読することのうしろめたさ

書物が何千年も前から、保存されるためのものとして継承されてきたと言われても、それでも「積読」はどこかうしろめたい、そんな声が聞こえてきそうです。

積読は、うしろめたい。

これはある意味で自明のことのように思われるかもしれません。なぜなら書物は「いつか誰かに読まれるためにある」からです。書物を書く人、それを編集して販売する人たちは、その書物がいつか誰かに読まれることを期待しています。だから、書物を手にする人は、その「いつか」は「いま」であり、その「誰か」は他でもない「自分」である、と思ってしまうのです。情報の濁流にさらされて生きている人は、書物からのこの「いまあなたに読まれたい」という期待だけではなく、日々積み重なっていく新しい情報を漏らすことなくきちんと把握していないと時代に乗り遅れてしまうという焦燥感にもさいなまれることになります。

繰り返しますが、書物は「いつか誰かに読まれる」ことを期待しているものです。しかし、そうだからと言って、その書物を手に取った誰かが本当にその期待に応えなければならない人物なのか、そのタイミングが本当にその書物を読むべきタイミングなのか、それは誰にもわかりません。積読のうしろめたさは、書物が帯びている期待、「いつか誰かに読まれるはずだ」という期待に、自分がすぐに応えることができないために生じます。

情報が濁流のように押し寄せ続け、次から次へと新しいものが浮かび上がっては過ぎ去っていく状況では、このうしろめたさは耐えがたいほどの苦しみを人々に与えます。

もしあなたの目の前に、ただ一冊の本があるというだけなのであれば、それを読めば済む話です。この場合にはなんの問題もありません。しかしすでに繰り返し指摘しているとおり、現代は情報が濁流として押し寄せている積読環境です。目の前にある本を読もうと思っても、読みかけの他の本や、まだ読んでいない他の本の存在が脳裏をちらついてしまう。かといって目の前の本からも「いまあなたに読まれたい」という期待が伝わってくる。そんな無数の「うしろめたさ」にさいなまれながら読書をする、ということは避けられません。

しかしそのように、うしろめたさに負けて、目の前の本の期待に応えるためにとにかく読書をする、というのは情報の濁流に飲まれ、ただ流されているだけかもしれません。溺れている人が流木につかまるように本を読んでも、そのまま流されていくことにかわりはありません。そのまま溺れてしまうよりはいいかもしれませんが、うしろめたさはつのるばかりなのです。

たしかに本は、人に「いま」読むことを求めてきます。でも、それと同時に、書物は「保存され保管される」ものとして作られたものだったことを思い出してください。情報が溢れかえり、あらゆるものが積まれていく時代に生きているからこそ、書物を積むことのうしろめたさに耐えて、あなたは読書の前にまず積読をするべきなのです。

消費者であるわたしたちは幸福だろうか

さきに示したとおり、日本でも海外でも、膨大な点数の書物が次から次へと出版されています。

日本に限れば、出版点数の増大は出版産業の歴史的な構造が誘発しているという側面があります。本を作るためには、本の原稿を書く著者、その原稿をまとめて本にする編集者、その編集者を雇い、本を出版する出版社（版元）、その本を販売する書店、そしてその本を買う読者が必要になります。著者、編集者、出版社、書店、読者という流れのなかで、プレイヤーの数がいちばん多いのは読者です。何千、何万、何百万と印刷製本された本を、全国津々浦々の書店へと効率的に分配する仕組みを作ることで、日本の出版界は毎年、何万点もの新刊、ときには数百万部を超えるベストセラーを含めた出版物を、全国の読者に向けて届けてきたのです。

出版社が作った多様かつ大量の本を全国津々浦々の書店へと分配する仕組み。この仕組みを担っているのが「取次」と呼ばれる業者です。出版社と書店は、その中間に「取次」を挟むことで円滑に商品としての本を流通させてきました。

新しい本が出版されたとき、それを書店へと迅速に配り、その本が売れれば補充し、売れなければ返本する。毎年何万点と刊行される本を、何千とある出版社とその倍以上ある書店とのあいだを繋いで流通させるネットワーク。このネットワークを効率的に機能させるのが「取次」の役割でした。

取次は、商品としての本の流通を効率化させる業者なので、ヒットする本があれば当然利益を得ます。書物を扱う商売の、悪い言い方をすればピンハネをしているわけですが、食品をはじめとする他の商品を扱う業界における卸《おろし》のことを考えれば、この利益が不当なものではないということがわかるでしょう。取次は、これまでの出版業界を維持し、発展させるために不可欠な役割を果たしてきたのです。

取次には、書店での書物の売り上げを出版社に代わって回収する業務もあります。無数にある書店から、出版社が直接に売り上げを回収しようとすると、細かい対応が必要になり煩雑です。また、委託販売という制度があるため、単に出版社が書店に本を買い取らせているわけでもないので、売り上げの回収を、流通を担っている取次に代行させるのは合理的だったのです。

このようにして出版社にとって取次は、徐々に金融機関のような存在になっていきます。出版された本が書店に並び、読者が買う前、すでに出版社から取次には本が預けられています。取次が代行回収する本の売り上げの見込み払いとして、実際に書店で本が売れる前にお金が取次から出版社に流れることは珍しくありません。

定期的に本を出版する出版社は、その前提で取次からいわば資金を借りて、その資金を元手に売れそうな本を何点か刊行する。そのなかの一点でもヒットが出れば、取次も出版社も潤う。ごく簡単にまとめてしまうとこのような仕組みです。実際にはこんなに単純な話ではないのですが、本書の主題ではないのでほぼ極限まで単純化しています。

出版不況と言われる現在、多くの出版社が自転車操業状態で刊行点数を増やしている背景には、大枠でもこの構造を理解しておくことが一助になるでしょう。

現代の積読環境とは、ごく楽観的に言えば百花繚乱のパラダイスです。右を向いても左を向いても、次から次へと新しいコンテンツが提供されます。あの手この手で消費者であるわたしたちを楽しませようとしてくれます。しかし本当に、わたしたちはこの新しいコンテンツが次から次へと提供される状況を幸福な時代だと感じているでしょうか。

たとえばどんなときにも、自分が読みたくなるような本がかならず手に入る、そういう状態はまだ実現されていません。次から次へと刊行される本、次から次へと世の中に送り出されるコンテンツは、たいていの場合、自分ではない誰かに向けられたものでしかありません。仮に「これこそ自分のための本だ！」と思えるような書物があったとしても、それに出会える可能性は、出版点数が爆発的に増大している現代であっても高くありません。

企業としての出版社や取次が継続していくため、職業人としての編集者や著者が食べていくため、そのような大人の事情で企画され出版される書籍は少なくありません。より良いものを世に送り出そうとしている人もいるので、全部が全部そうだとは言いませんが、契約やノルマのために消化試合のように作られる本やコンテンツも少なくありません。そして多かれ少なかれ、だいたいの書物やコンテンツにはその側面があるのです。

目の前にある本を、本に求められるままに手に取り、無批判に読んでしまうとき、読者は情報の濁流に飲まれ、流されてしまいます。なぜならば、その目の前の本は、契約どおりの出版点数をクリアするために通された企画に基づいて書かれただけの、いわば情報の濁流が作り出した書物の可能性があるからです。繰り返しますが、ほとんどの書物、ほとんどのコンテンツにその側面があります。

本書は、そのような「読書」を回避するための方法を模索するものです。

読書とは何だったろうか

書物は時間を蓄積するもの

あらゆる書物が「いつか誰かに読まれること」を求めています。だから、どんな本でも読まずにいると、うしろめたく感じてしまう。いま、自分が、それを読まなければならない、そんな気がしてきてしまうのです。しかし情報の濁流に飲まれないためには、そのうしろめたさに耐える必要があります。

ある本を積読するとき、その本はまたいつか誰かに読まれることを待ち受ける状態になります。本を積むということは、この、いつかの、誰かの読書の時間を「貯蓄」することでもあるのです。

フランスの現代哲学者ジャン=リュック・ナンシーは、書店論でもあり書物論でもある

『思考の取引』（岩波書店）のなかで、書物とは「閉じと開かれのあいだにあるもの」であると書いています。

表紙と裏表紙に挟まれた書物は、それが閉じられている状態と、それぞれのページが開かれている状態と、このふたつの状態の「あいだ」にあるのです。ふたつの状態のあいだにある、という書物の性質は、それを読んでいない時間と、それを読んでいる時間という、時間と書物との関係にもあてはまります。書物は、それを読んでいない時間と、それを読んでいる時間との「あいだ」に存在しているのです。

積読は、書物の本質的な在り方のひとつなのです。本を読まずにただ置いておくとき、それを読まないでいる「うしろめたさ」がつのるあまりに、つい忘れてしまいがちな性質ですが、読まずに置いておく、というのは書物の本質を尊重する態度です。「本は読むためにある」という物言いがまことしやかにされる場面にはよく出くわしますが、そのたびにわたしはいつも居心地の悪い気持ちになります。

たしかに本は、「読むためにある」という性質を持っています。しかしそれと同時に、矛盾するようですが、「読まれないため」にも本は存在しているのです。本という形態は、それを読まずに「とっておく」ためにも機能するようにできているからです。

閉じられて、読まれる前の書物は、基本的に無害です。どんなにくだらなく、所有者や読者に合っていないような書物であっても、せいぜい書棚のスペースを無駄に占拠するだけです。とはいえ、書物が空間を圧迫するという問題も決して無視できないもので、それについてはのちほど『本で床は抜けるのか』（中公文庫）という一冊に触れるときにまた考えることにします。

リスクを取る「勇気」

ともあれ、ある本の表紙を開き、そのページを繰って読むという行為は、その読書の時間が無駄になったり、不快な思いをしたり、誤った知識を学んでしまうという「リスク」をともなう行為です。

ただし、日本語では「危険」と翻訳されることの多いリスク（risk）には、同様に「危険」と訳される danger や hazard とは違って「勇気をもってやってみる」というニュアンスがあります。

イタリア語の risco に由来するリスクという言葉には、ネガティブなだけではない意味があるのです。　社会の流動性が低く、職業も婚姻も選択肢が少なかった時代、人々は伝統と慣習を規範として生きていました。そのような伝統主義的な時代が転換を始める頃に、いまイタリアと呼ばれている地域で生まれたのが risco という言葉です。

イタリア半島が面している地中海では、かつてヨーロッパとオリエントのイスラム世界の商人たちによって交易が盛んに営まれていました。海上貿易は、天候の変化の影響を受けやすく、また国際情勢の変化にともなって利益や損害の規模が大きく影響されます。一度の航海で莫大な富を得ることもあれば、多額の負債を抱えて事業に失敗する可能性もあります。船が難破して積荷や船員を失うこともあります。事業が成功すれば巨万の富を得られるのですが、その反面、自分だけでなく多くの人の命を危険にさらしかねない。リスクという言葉の起源は、冒険精神溢れるそんな新しい時代にあったのです。

伝統と慣習を規範とする時代から、冒険とリスクの時代への移行。この移行が始まったのは、いまから千年ほどさかのぼった十一世紀頃。神聖ローマ帝国を中心としたヨーロッパ世界の領主たちが、東方（オリエント）を征服するために企てた十字軍の遠征が、この移行を象徴する出来事です。

この頃、ヴェネツィアやジェノヴァといったイタリアの諸都市は、十字軍の兵士、彼らの食糧、その他の物資、馬や武器を輸送するための船団を建造するようになりました。ヴェネツィアやジェノヴァは、巨大な工廠を作り、船団を十字軍に貸し付けました。第一回の十字軍は大成功をおさめ、ヨーロッパの各王朝の軍勢はイスラム圏から膨大な富を略奪しました。ヴェネツィアとジェノヴァはこの戦争に加担することで大きな利益を得て、強大な都市国家として世界史のうえに存在感を示し始めます。

注目したいのは、この時期にヴェネツィアとジェノヴァで銀行家や海上保険会社が生まれたことです。金融は、海上貿易の現場から生まれたのです。銀行は船の建造と貿易の企画（プロジェクト）に出資をし、保険会社はその損失を補償するために組織されたのです。

とつぜん歴史の講義のようになりましたが、読書がときどき船旅にたとえられるように、閉じられた書物がリスクに満ちた海のように積み重なり、それを読む行為が「リスクを取る」行為であるという認識を読者の皆さんに伝えたいのです。読書がリスクを取る行為であるのと同じように、積読もまたリスクをともなう行為です。

海上貿易に繰り出す商人たちが時流と海流を読んだように、積読をする人は情報の濁流の流れをこそ読まなければなりません。

繰り返しますが、ある書物を紐解き、そのページを繰る読者は、その読書の時間を無駄にしたり、不快な思いをしたり、誤った知識を学んでしまうというリスクを取ることになります。そして、リスクという言葉は、「危険」という意味とあわせて「勇気をもってやってみる」というニュアンスをはらんでいました。船で貿易にでかける商人が、銀行から融資を受けて船を建造し、保険をかける。このようなリスクとの付き合い方に、わたしは読書と積読を重ねてみたいと思ったのでした。

読書は対話だろうか

読書は、著者との対話として捉えられることもあります。「哲学の父」と言われるプラトンは、その師ソクラテスを登場させて語らせる一連の著作で知られていますが、そのなかのひとつ『パイドロス』のなかで、次のような話を書いています。

かつてエジプトには、文字と書物を作り出したテウトという神がいました。テウトは、文字と書物が「人々を忘れにくくさせる良薬である」と言って、自分の「発明」を大いに誇ります。それを聞いた主神タモスは「文字と書物は人をいっそう忘れやすくさせる毒薬である」とテウトを批判するのです。

文字と書物の効用について誇らしげに語るテウト神と、その害悪を指摘するタモス神との対話というエピソードを例にして、書物と文字の害悪をソクラテスは語るのですが、このソクラテスの「語り」を弟子のプラトンは文字にして書物に残してしまう。なかなかややこしい構造です。ソクラテスの言葉を書き残すプラトンは、忘れやすい人類が、文字を書物に記して残そうとしている、何か大事なことがあるのではないかと考えたのです。

しかしそれは本当は文字で書物に書き記すことはできないものです。プラトンは、その「文字で書物に書き記すことのできないもの」をなんとかして書き記そうとしました。それで生み出されたのが、「対話」というスタイルです。

人はなぜ読書をするのでしょうか。知識を得るために読書をするとか、空想の世界に遊ぶために読書をするとか、著者の思考を借りて考えるために読書をするとか、読書の目的については、さまざまな説が提唱されてきました。なぜ読書をするのか、という問いに対する答えは、読者の数だけあっていいとわたしは考えています。

しかし本書において肝心なのは、どんな目的であれ、その目的を損ねる書物があり、その書物と出合う可能性があるということです。情報の濁流とは、そのような書物がどんどん作られ、どんどん押し寄せてくる状態なのです。

楽しみのための読書

プラトンの哲学（philosophy：「知を愛すること」の意味）のような高尚な読書、対話としての読書ではなく、遊びのような読書の場合はどうでしょうか。空想の世界に遊び、現実世界の憂さを忘れさせてくれる読書。

書物は、現実をそのまま書き写すことができません。現実をそのまま書き写すことはできませんが、書物はその特性を活かして、むしろ現実とは違った世界を描きだすことができます。

書物は、現実から読者を救い出し、楽しませることができるのです。しかし、書物が読者を現実とは違う世界へと誘うものだとしても、その書物自体は現実の存在物です。書物が現実の存在物である以上は、それを作り、売る人々がいます。そして書物が現実の存在物である以上は、情報の濁流という現実と無縁ではないのです。

楽しみのはずの読書がときに「消化」と呼ばれ、どこか息苦しい思いで読まれることがあります。そんなときに、この積読の手引きはきっと役に立つのではないでしょうか。

寡黙で孤独な人生のような読書

船旅や海上貿易のような冒険的な読書、対話のような読書、空想の世界に遊ぶための読書、そういった読書ではない、本当に本を読まない人にとっての「読書」。完全に、積読でしかないような「読書」。これについて考える必要があります。

まったく本を読まない人が、それでも積読をするというのはほぼ思考実験ですが、インテリアとしての書物を考えると、実はそんなにリアリティのない話でもありません。「知的な生活」を演出するためだけに、読みもしない本を本棚に差しておく、誰も読まないような本を店内にディスプレイする喫茶店もあります。

これらは、本を読む人たちからは、ときに非難され、ときに嘲笑されます。しかし、すでに書いたとおり、書物には「読まれないでいる」という本質があるのです。だから、それは、その本を読みたい人にとっては非常にうしろめたい状態ではあるものの、本が読まれずにただ置かれている状態をインテリアにしていることは、書物との付き合い方としてはさほど邪道でもないのです。

図書館や書店など、本が読まれずにただ「ある」だけの場を考えてもいいでしょう。書物のほうは、人に向かって「いまここで読んで」と語りかけてくるかもしれませんが、人のほうがそれを却下することもまた許されているのです。

積読環境のなかに積読環境を作る

現代社会が、あらゆるメディアでコンテンツが過剰供給されていて、過剰供給されたコンテンツがどんどん蓄積されていく「積読環境＝情報の濁流」である、ということを繰り返し述べてきました。現代社会に生きるということは、この情報の洪水に身をさらしながら生きるということにほかならず、それに抗うことは困難です。現代人は書物などの「コンテンツ」を買い求め、消費しきることができずにどんどん「積んで」しまうし、そのことを気に病んでしまう。「まだ読んでない本があるから」という理由で、新しく出会った本を買い控えることすらあります。

目の前にたまたま届いてきた書物をただ読むだけの読書は、積読環境という情報の濁流に溺れ、息をするのもままならず、濁流の水をガブガブと身体に流し込んでいるようなものです。

現代を生きる人は、社会で進行している積読環境に抗って「自分なりの積読環境」を構築しなければなりません。情報の濁流という大きな積読環境のなかに、自作の積読環境を生み出し、運営するのです。情報の濁流のなかに、ビオトープを作るということです。

ビオトープと言われてなんのことかわからなければ、小学校の校庭の片隅にあった人工の池のことを思い出してみてください。水草が浮かび、メダカなどの小さな魚が泳ぐ、ちょっと濁った、あの池です。

ビオトープとは「ある場所の小さな生態系」を指す言葉です。正確には、その「小さな生態系」がある「場所」のこと。生物学（biology）、生物圏（biosphere）など現在でもさまざまな言葉にその響きを残している「生きること」という意味のギリシャ語 bios に、同じくユートピア（utopia）や地形（topography）、位相幾何学（topology）などの言葉に使われている topos というギリシャ語を組み合わせて作られた「ビオトープ」は、直訳すれば「生命の場所」になります。小学校の校庭にあった池は、水田や湖沼地帯の生態系を児童たちの身近に保持させておくために作られたものなのです。

現代社会の積読環境の発展は、コンテンツ産業、メディア産業の都合によるものです。新しいメディアが次々と生み出され、そのメディアごとに新しいコンテンツがどんどん生成されていく。この外的で他律的な積読環境＝情報の濁流のただなかで、人は自律的な積読環境＝ビオトープを構築する必要があるのです。

情報の濁流のなかのビオトープ

自分のための積読環境を作る

積読環境のなかに積読環境を作る、それも「自分のための」積読環境を作る。無秩序に増大していく他律的な積読環境から、ある程度の独立性を持って自前の積読環境を自律的に働かせるということです。

しかし、人類の文明が発展を続ける以上は、新しいメディアは今後もどんどん更新されるでしょうし、コンテンツも増殖を続けていくでしょう。コンテンツが新しく生み出されれば、それは可能な限り蓄積されていきます。とどまることをしらない、他律的な積読環境の進展のなかで、どのように自律的な積読環境を構築することができるのでしょうか。

本書で提案するのは、積読のための積読、積読のための読書ですが、それはすべてこの

「他律的な積読環境のなかに、自律的な積読環境を作る」ためのものです。

本書の読者は、この世界を他律的な積読環境として認識し、その他律的な積読環境に抵抗する自律的な積読環境を作るためにこそ積読（積読のための積読）をし、またそのための読書（積読のための読書）をするのだと考えるようになってほしいのです。

何を言っているのか伝わりにくいかもしれません。ではさっそく、自律的積読＝ビオトープ的積読の例を挙げていきましょう。

身体の外部に情報のビオトープを作る

一九七〇年代に工作舎を設立して雑誌『遊』を創刊、「編集工学」を提唱し、独特の博覧強記で知られる松岡正剛によれば、印刷技術が未発達の中世ヨーロッパにおいて、知識人たちは知識を建築物のように空間的に把握し、その想像の空間的把握によって知識を記憶しようとしていました。

このような方法は「記憶術」と呼ばれていました。書物が大量生産される前の時代、貴重品だった書物と、そこに書かれた知識を、当時の読者たちは記憶術を駆使することで身体化しようとしていたのです。

積読、とりわけ自律的積読環境＝ビオトープ的積読環境の構築に、この中世ヨーロッパの記憶術はどのように関係するのでしょうか。

書物を大量生産することができなかった時代、自分の身体に知識と記憶を刻みつけなければならなかった中世ヨーロッパ人に対して、現代人は情報の濁流にさらされて「自分の身体」が崩壊する危機に直面しています。

「若者の自分探し」が社会で広く認知されて久しいですが、それほどに、現代人は「自分が何者なのか」を自分で把握できなくなっています。自分が何者なのかわからないということは、自分の身体がどうなっているのかわからない、ということです。

中世ヨーロッパ人たちが確立しようとした記憶術は、自分の記憶のなかに建築的に知識を配置するというものです。想像の空間のなかに家を建てたり、庭を作ったり、ときにはちょっとした都市を建設し、その想像の家の部屋や、想像の庭に立つ彫像、想像の都市のなかの店などに、記憶を呼び覚ます仕掛けをほどこす。このようにして、いわば自分の身体のなかに情報のビオトープを作ろうとしたのが記憶術でした。

現代では、本棚やオンラインのクラウド内の仮想スペースに書物を配置し、保管することができるようになりました。このことによって、中世ヨーロッパでは不可能だった、現実の空間に知識を配置するということが可能になったのです。

中世の記憶術が、身体の内部に情報のビオトープを作るということなのだとしたら、積読とは、身体の外部に情報のビオトープを作ることだ、と言えるのかもしれません。

記憶術とその終焉

桑木野幸司『記憶術全史』（講談社選書メチエ）によれば、「記憶術」はヨーロッパで古代ギリシャ時代からローマ時代に引き継がれて全盛をきわめたのち、中世を経てルネッサンス期にふたたび盛んに学ばれました。頭のなかに建築物や都市などの場所を設けて、そこに印象的な人物や動植物の姿を配置し定着させる。そののち、その場所と人物や動植物のイメージにさまざまな記憶を結びつけることで、膨大な量の項目を長期記憶しようとする、これが記憶術です。

記憶したいことを単純に反復して暗記すればいいのではないか、いちいち場所や人物や動植物のイメージを使っていたら煩雑ではないか、という批判は古代から常にあったそうです。しかしどうも最近の脳科学の研究では、記憶術の有効性を補強する仮説も登場しているらしく、現代でも記憶術は興味深い技術なのです。

記憶という抽象的なものを、人物や動植物などの情動的で五感を刺激するイメージに結びつけ、それらを三次元的な空間（場所）に配置するという記憶術は、人が何かを記憶する仕組みを人工的に強化する方法として考え出されたものです。

記憶術が、ルネッサンス期に復興するもののふたたび忘れ去られてしまったのは、本書でたびたび触れてきた情報量の増加と関係していると思われます。記憶術が本当に有効かどうかはいまだ検証の余地があります。それでもかつては、記憶術にいそしむ動機がありました。書物が貴重だったので、書物に秘められた知識を記憶として持ち出す意味があったのです。

しかしルネッサンス以降、書物は増加を続け、記憶術の価値は相対的に下落せざるをえませんでした。

記憶術の伝統が潰える十七世紀頃を代表する知識人のひとり、アタナシウス・キルヒャーは「すべてを知っていた最後の人」と呼ばれました。キルヒャーが本当に「すべてを知っていた」はずはありません。しかし彼以降は誰も「すべてを知っている」と呼ばれることはなくなりました。

知ること、すなわち「知」を、世界の「すべて」のほうが圧倒していることが自明のことになりつつあったのです。

他律的積読環境、情報の濁流の時代です。

知の限界と現代

記憶術は、頭のなかに想像の場所を設け、その場所を細分化し、細分化された場のそれぞれにイメージを配置することで記憶を整理し、想像のなかで自由に呼び出せるようにすることを目指す試みでした。

この記憶術の試みは、印刷技術をはじめとする、いわゆる複製技術の発展によって圧倒され、現代ではほぼすっかり忘れ去られてしまいました。記憶術は、結局は情報量が増大する時代のなかで、衰退してしまいました。

しかしそうはいっても、そもそも記憶術を生み出したのは「普通のやり方では記憶しきれない」ものをあえて記憶したい、という欲望だったはずです。覚えたい情報が膨大に存在していて、普通には覚えられないからこそ、記憶術が考案され、継承されていったのです。

『記憶術全史』に登場する、博覧強記を絵に描いたような偉大な記憶家たちの偉業が、本当に記憶術によってのみ可能になったのかどうかというのは重要ではありません。いつの時代にも、ズバ抜けた記憶力で周囲を驚かせる天才はいるものです。読者の皆さんに意識してもらいたいのは、記憶術というものが、頭のなかに秩序を作ることで記憶を整理し、定着させようとしたということです。

記憶術は、頭のなかに秩序を作り、世の中の情報をあまねくその秩序のなかに取り込もうという企てでした。記憶術がすでに廃れてしまっているということもはや重要ではありません。

現代を生きる人々は、かつて記憶術を実践した人々が「頭のなか」に作ろうとした記憶と情報の秩序を、「頭のそと」に構築することが可能な時代を生きているのです。

記憶術を過去の遺物として葬り去るきっかけになったのは、印刷技術そのものと、印刷技術によって可能になった書物の大量流通でした。記憶術を圧倒した、情報の爆発的な増大は、人々にかつてなく低コストな情報へのアクセスを与えました。

ポートフォリオとしての自律的積読環境

リスクについて触れた際に紹介した十一世紀以降のイタリアでは、巨大産業となりつつあった地中海貿易を効率的に運営していくために、ある「技術」が発展していました。借りた資金を「借方」として片方に記入し、もう片方には貸した金額を「貸方」として記入、借方と貸方を常に一致させる書き方で帳簿をつける「複式簿記」の方法です。

複式簿記は英語では double entry bookkeeping system と書きます。簿記（bookkeeping）は、企業や個人の財産を管理するために、その支出や収入を書き留めることを指します。『帳簿の世界史』（文春文庫）によれば、この簿記自体の歴史はかなり古くまでさかのぼれるのですが、広大な領土を誇り、莫大な財産を支配下の諸地域から取り立てていた皇帝たち、王たち、貴族や領主たちは帳簿を軽蔑していたそうです。彼らは帳簿とその運用を軽蔑し、これみよがしな浪費・濫費を尊びました。それは当然彼らのおさめる領地に住む人々に対する重税や、領主たちによる領民への略奪など、いわゆる中世のイメージのとおりの悲惨な世界と不可分なものです。

フランス革命は、『帳簿の世界史』によると、当時の破綻した国庫の状況が市民に暴かれたことで生じた騒ぎに端を発していたそうです。

借金ばかり増えて破産に向かって突き進むという状態を回避しつつ、余裕のあるときにはリスクを取って果敢に投資をする、その際の根拠になるのが複式簿記なのです。

複式簿記の手法で作られる貸借対照表はバランスシートと呼ばれます。借金と資産の金額を比較しやすくするためのもので、企業などの出資者に向けて提示されたりします。バランスシートに目を通すことで、その事業が健全に経営されているのか、あるいは破綻の危機にあるのかを判断することができるのです。

記憶術が、過去や現在の情報を「頭のなか」に秩序だてるものだとすれば、複式簿記は、現在と未来を「頭のそと」に可視化するための技術です。複式簿記の登場により、投資をはじめとした金融市場は発展を続け、現代世界の金融資産の総額は二百兆ドルを超えています。

この巨大な金融市場は、不動産などの資産価値を数字という「情報」に変換し、その変動もまた「情報」として扱う証券化によって拡大を続けています。情報が情報を生み、情報の市場が拡大していくさまは、コンテンツやメディアがどんどん増えて蓄積されていく状況と表裏一体の関係にあります。

情報そのものの在り方が、金融の世界でも、コンテンツの世界でも、それぞれに爆発的に膨張を続けている、それが現代なのです。読書によって知識を得ることができ、その知識によって経済的に成功できるかもしれないという理由で「読書は自分への投資」という言い方をする人がいますが、そもそも書物は時間を保存するためのもの。書物に圧縮されて保存されている「時間」を、その書物を持つ人がどのように活かすのか、またどのように活かせないのか、単に知識を引き出してそれを換金したりビジネスに利用したりといったことだけが、書物の投資的な要素ではないのではないでしょうか。

世界で同時に進行している積読環境の爆発的増大を、世界金融市場の拡大にたとえるならば、自律的な積読環境を構築するということは、金融市場のなかに自分だけのポートフォリオ（保有資産の組み合わせ）を形成するようなものなのです。

蔵書家が死ぬとき、遺産としての書物

本で床は抜けるのか

書物を資産のように蓄積し続けると、いわゆる蔵書というものが形成されます。蔵書とは、誰かが溜め込んだ本のことをまとめて呼ぶもので、普通一冊や二冊で蔵書とは呼びません。

超人的な読書家の場合を除いて、蔵書をする人が溜め込んでいる本が通常の意味で「読まれている」ことはまずありません。いつか読む、という思いを抱えているかいないかを問わず、蔵書家は本を溜め込むことそれ自体を目的にしていることが多いようです。もっとも、積読はあまりよくないことと思われていることが多く、蔵書家でも「そのほとんどを読んでいる」ということがまことしやかに語られることもまた珍しくありません。蔵書家が蔵書のほとんどを読んでいようが読んでいまいが、どちらでもいいとわたしは思うのですが、それでもなぜか蔵書家は「そのほとんどを読んでいる」と言われたがる、あるいは蔵書家について語る人がそう付言したがるのです。

本が「家」という建築物のなかに溜まり始めると、一冊一冊の重さがたいしたことのないものであっても、数十冊、数百冊、数千冊という塊になり、その重量が床の耐久性を超える可能性を帯びてきます。この、書物を愛する人なら誰しも感じたことのある恐怖に向き合ったのが西牟田靖の『本で床は抜けるのか』です。

フリーライターとして『僕の見た「大日本帝国」』(角川ソフィア文庫)や『裏の沖縄、表の沖縄』(シーコースト・パブリッシング)などのノンフィクションを手がけてきた著者は、取材のたびに関連資料として書物や大量の書類を仕事場や家に溜め込むことになり、前述のような「本で床が抜けるかもしれない」という脅威を感じます。この懸念をインターネット上に吐露したところ、床を抜いた経験のある蔵書家や、床にかかる荷重とその対策に詳しい建築士などの話を聞く機会を得て、それをきっかけに連載が始まり、その連載をまとめたのが本書なのです。

家族と住む家の他に、仕事場兼書庫として借りていた部屋を引き払い、別の仕事場を借りることにした際の引っ越しの場面から、この本の物語は始まります。新しい仕事部屋は四畳半のアパート。その部屋にもともとの仕事部屋から本の束を運び込もうとしたときに、著者の脳裏に「本の重さで床が抜けるかもしれない」という不安がよぎったのでした。

それで「本の重さで床は抜けるか」というテーマの連載が始まるのですが、連載のために著者は有名な蔵書家たちのエピソードを取材することになります。

直木賞作家でもある井上ひさしや、博覧強記で知られる草森紳一は、どちらもその蔵書が膨大であることが知られています。しかし彼らの死後、その遺族がどのように蔵書を遺産として引き受けたのかは、彼ら自身の仕事ほどには知られていないでしょう。

井上や草森の蔵書の行くすえは、本書にとって無視できない意味を持っています。

井上ひさしの蔵書

テレビで人気を博した人形劇「ひょっこりひょうたん島」でも知られる井上ひさしは、書店からトラック一台分の書籍を購入し、献本もひっきりなし、多額の印税で建てた豪邸には窓を潰してまで本棚を設置し、毎日のように大工を呼んでは増改築を繰り返して膨大な蔵書を収納しようとしていたそうです。

井上の蔵書量は推定十三万から二十万冊。この規模になると数字だけではどれくらいの量なのかイメージしづらいかもしれません。たとえば東京駅の近くにある「丸善 丸の内本店（四フロア）」の在庫は約百万冊、神保町の「三省堂書店 神保町本店（六フロア）」が約百四十万冊とのこと。それぞれ東京を代表する大型書店の本店です。井上の蔵書は、それぞれの書店の一フロア分の在庫に匹敵する規模だったと書けば少しはわかりやすいかもしれません。

井上は、この蔵書の大半を生前に郷里の山形県川西町に寄付、そのコレクションをもとに「遅筆堂文庫」が設立されています。遅筆堂文庫設立後も井上からの寄贈は続き、現在ではコレクションの総数は二十二万点とのこと。冊ではなく点という単位なのは、コレクションが書籍のみにとどまらないためですが、いずれにせよ膨大な量です。

草森紳一の蔵書のゆくえ

中国の古典からSFまで、古今東西の文化について縦横に健筆をふるった草森紳一。その草森の蔵書が遺産として受け継がれていく様子も『本で床は抜けるのか』には描かれています。

草森は家賃月十四万円のマンションの一室に、床から天井まで届く本の山をいくつも積み上げていました。その数、約三、四万冊。井上の十万から二十万冊という数字を見たあとではやや見劣りするかもしれませんが、高度経済成長期にテレビなどで売れっ子だった井上の、豪快すぎる漁書と比較するのがどだい無理な話なのです。

個人で四万冊を所有するのは十分に異常です。なお、草森が所有していた書籍は、都内のマンションだけではなく、生家に建てられた書庫にも所蔵されていたので、草森の蔵書総数は六万冊を超えるとも言えるのですが。

ともあれ、その異常な蔵書のうち、都内のマンションに収蔵されていた分については、草森と事実婚の関係にあった編集者に取材したエピソードが紹介されています。

草森の逝去にともないマンションが引き払われ、蔵書はいったん倉庫に移されます。印刷所の倉庫百平米のワンフロアまるごとを借りた、その倉庫代だけで月十五万円（草森が生前に住んでいた部屋よりも「家賃」が高くなっています）。

数人がかりで、何週間もかけて書籍は分類され、引き取り先をなんとか見つけたのでした。帯広大谷短期大学や、廃校になった小学校にまとめて収蔵されることになったのです。

蔵書が負の遺産になるとき

『本で床は抜けるのか』は、蔵書が家屋、とりわけ床に荷重をかけて破壊してしまうかもしれない、という懸念に始まり、蔵書家や愛書家のさまざまな悩み、そしてその悩みとの付き合い方をコンパクトにまとめた一冊です。電子書籍化や、思い切った「断捨離」によって蔵書を削減する人たちも取材されています。

その過程で、井上や草森のような比較的に幸福な例ではなく、蔵書がいわば「負の遺産」となったケースも紹介されています。

『本で床は抜けるのか』のなかで印象的なのは、作家で翻訳家でもある田中真知と、その父親のエピソードです。新聞記者だった田中の父親は、無類の本好きで大量の蔵書を持っていたのですが、同時に非常な「無精者」でもあり、また日常的に家族に暴言を吐いていたそうです。このために妻子が家を出ていき、田中が高校生になる頃には、父はひとりで暮らすようになっていました。

成人した田中が目撃した晩年の父親は、何年も掃除をせず、雪のように埃が積もる床に身体を折り曲げて寝転んでいました。尿を日本酒の紙パックに詰めて放置し、古新聞も溜め込み放題のいわゆるゴミ屋敷に住んでいる状態でした。

田中の父親をまるで他人のように書いているわたしですが、ゴミを捨てられずに自宅をゴミ屋敷のように暮らしていた時期があるので、この田中の父親のエピソードを読みながら内心で少し戦慄していました。

田中の父親の蔵書には、松岡正剛の雑誌『遊』や、父親が取材したことのある稲垣足穂のサイン本などもあったそうです。しかしその父親が亡くなったあと、蔵書の処分を任された古書商は「本の状態が悪すぎてあまり売り物にならない」と言います。蔵書家と、その蔵書の、もっとも悲しい末路がここにあります。

古書商という職業

『本で床は抜けるのか』を読んでいるとたびたび登場するのが古書商という立場の人たちです。古書商について、少し歴史的に振り返っておきましょう。

実は、古書商という職業は「出版社、取次、書店」という、現在一般的と思われているような書籍の流通システムが確立されるよりも前、はるか昔から存在してきた職業です。考えてみれば当然のことで、書物があればそれを商う職業があるわけです。かつて書物は簡単に量産できるものではなく、きわめて希少性の高いものでしたから、基本的に本を商う人は新刊よりも古書を扱う立場、つまり古書商であったのです。

読書をする人、書物を保管する人、そして本を書く人、誰かの書いた本を写す人、それらの人々のあいだを行き来しながら、近代以前の古書商たちは書物を売り歩き、また買い取り、そしてまた売り歩いていたわけです。

やがて印刷技術が発展し、造本が活発になってくると、古書商が扱う新刊が増え、本を売る店である書店も登場します。本の企画を立てて著者に本を書かせる版元（出版社）と、それを製本し販売する書店とが分かれていたり、連結されていたりと、その形態や分布は地域によってさまざまでした。

新しい本が書かれることがまだ現代と比べると珍しかった時代から、現代のように本が大量に複製できる時代にいたるまで、本に関わる仕事は変化してきたのです。

現代では、冒頭から書いているとおり、毎年のように膨大な点数の書物が刊行されています。出版社も書店も、新刊を売ることに血道をあげています。映画やテレビ番組を巻き込んだメディアミックス戦略を展開し、人気作家の新作であれば多くの関係者の生活を潤す利益がもたらされるのです。そのような、新刊を中心にした現代的な書物観、出版観からすると、古書商という職業はまるで屍肉にむらがる汚いハイエナ商売ということにされてしまうのですが、少なくとも歴史的には、古書商は書物を商うということについてはまさに本流であった、というより、古書商こそ書物を商うほぼ唯一の在り方だったのです。

蔵書家たちの「遺産」が、その継承者たちによってまとまったかたちで保存されるという「幸福」な経緯にめぐまれなかったときに、古書商がそれを引き取り、古書の市場へと放流していくことは、一面ではコレクションの散逸として悲しむべきことのように思われるでしょう。しかしそれは、書物として古くからある運命にしたがっているということでもあるのです。

ここに一抹の「悲しさ」が漂うのはしかし、なぜなのでしょうか。蔵書の散逸がかもしだす「悲しさ」は、積読をするときの「うしろめたさ」と無関係ではありません。

屠殺と断捨離

『本で床は抜けるのか』で描かれた田中真知とその父親のケースが痛ましいのは、父子の関係があまり幸福とは言えないものだったからということに加えて、大量に遺された父親の蔵書が古書商にとって商品として価値がなく、廃棄されることになったというところです。単に本が大量に廃棄されるというだけでも悲しいのですが、市場価値がなくなるほどに劣悪な保存状態に本が置かれていたという、いわば「本に対する虐待」がこのエピソードの背後に想像されるからです。

書物をいたずらに擬人化（？）したくはありませんが、『本で床は抜けるのか』で取り上げられている、次の三つのケースがこの「本に対する虐待」に関連するといえます。

ひとつは先に言及した、蔵書を遺すことのできなかった田中の父のケース。もうひとつは、『本で床は抜けるのか』の著者が書物を電子化する際に行った「断裁」。そして三つ目が、蔵書を急激に減らすことにしたエッセイストの内澤旬子のケースです。

『本で床は抜けるのか』の著者は、逡巡の末に蔵書の一部をいくつかの方法で電子書籍化しようと試みます。書籍の背表紙から「ノド」の部分を断裁する場面で、著者はその行為が「本の命を奪う屠殺行為なのではないか」と思い、ショックを受けます。

内澤のケースはどうでしょうか。『世界屠畜紀行』(角川文庫)や『飼い喰い』(岩波書店)といった屠畜に関する著作もある内澤ですが、彼女が蔵書を急激に削減し始めたのは、自身が大病を経験し、余命を意識したことがきっかけだったそうです。

いずれ屠るために家畜を養い、その肉を食べたり皮や骨を利用するということと、本を溜め込むことは一見すればまったくの別物ではあります。まして家畜の場合は、やがてその命を奪うとはいえ、日々手塩にかけて世話をするのですから、虐待とは正反対であるとすらいえるでしょう。

しかし、著者が紙の本を電子化するために断裁したときに感じた「ショック」が、内澤のケースにおける蔵書の「世話」と、田中の父のケースにおける蔵書の「虐待」という正反対のふたつの極をいわば蝶番のように挟んで対峙させている、と考えることもできるでしょう。電子化するためとはいえ、書物を断裁することは、綴じられた紙の束という状態をバラバラにする象徴的な行為だからです。

内澤は蔵書を削減するにあたって、その蔵書を売りに出しました。そのなかには、本をつくる装丁家でもある内澤が蒐集した「牛の血を固めた表紙」の聖書もあったそうです。

内澤が蔵書を急に減らすことにしたことを、『本で床は抜けるのか』の編集者である仲俣暁生は「断捨離しまくっている」と表現しました。

二〇一〇年の流行語大賞にもノミネートされた「断捨離」は、もともとはヨガの「断行、捨行、離行」の三つの「行《ぎょう》」を組み合わせたものです。大量消費社会の大量生産、大量廃棄が当たり前になった状況で、自分の暮らしをすっきりと整理して見直したいという人々の気持ちが、「断捨離」という言葉が流行した根底にあるのでしょう。

断捨離はまさに、昨今のテレビや週刊誌を賑わせているゴミ屋敷問題の対極にあり、表裏の関係をなしている行為なのです。

ゴミ屋敷と断捨離のあいだ

ゴミ屋敷に書物をはじめさまざまなものを溜め込んでいくことと、生活を見直してすっきりと整理していく断捨離と、この対極的なふたつの生き方のあいだに、おそらくわたしが推奨する「自律的な積読環境＝ビオトープ的積読」の構築があります。

単になんでも溜め込んでいくだけのゴミ屋敷的な積読は「自律的」とは言いがたく、それは情報の濁流のミニチュア的反復にすぎないとも言えるでしょう。情報の濁流に翻弄され、溺れているような苦しさがそこにはあります。

いっぽう、断捨離は、自分の生活をコントロールしているという意味では良い生き方かもしれませんが、わたしにはいささか潔すぎるような気がします。とはいえ、『本で床は抜けるのか』で内澤が、蒐集した蔵書を古書市場に「放流」していたことは参考になります。自律的積読環境を構築するためには、積極的に本を買うことはもちろん、その一部を積極的に古書市場へと還元していくことが望ましいからです。この場合には、蔵書が散逸するという「悲しさ」はあまりありません。

余命を意識した内澤は、生涯で読み切れない本を抱えていることが「気持ち悪くなった」と語っています。書物は、すでに書いたとおり「誰かにいつか読まれる」ということを期待しているものですから、それに応えられないことを「気持ち悪い」と思うのも不思議ではないことかもしれません。

自律的積読環境の構築のためには、この「うしろめたさ」とどう付き合っていくのかということがキモになるようです。

自律的積読環境つまりビオトープ的積読を構築するのでなければ、世の中に溢れている大量の書物からの「期待」を単に無視するだけで一生が過ぎていくことになります。あるいは、その「期待」にいきあたりばったりに向き合うことで、読者自身が身を滅ぼすことになります。

自律的であるとはいえ、積読である以上は、ビオトープを構築することができたとしても、書物からの「期待」に十全に応えることはかないません。「いつか誰かに読まれたい」という書物の「期待」は、積読をしているあいだは保留され続けるのです。保留されているあいだ、紐解かれていない書物のなかの情報は、無意味でもなければ、意味を特定された状態でもありません。特定されていない意味のカオスこそ、積読の正体です。

世界サイズの積読環境という他律的な「大きなカオス」のなかに、自分で相対的に「小さなカオス」を作ること。これが自律的積読環境、ビオトープ的積読環境の構築です。刻一刻と増え続け、人々の目の前を流れ去り、そしてどこかへと消えていく新刊と古書の市場から本を選び出し、選んだ書物を自分の環境に加え、そして定期的にその一部を市場へと放出する。ゴミ屋敷のような、死んで膨れていくばかりのシステムではなく、牧場や精肉工場のような有機的なシステムとして積読環境を維持していくイメージがわかりやすいかもしれません。それは、地球規模の自然環境の片隅に、個人的なビオトープを作ることと同じことです。

水の入ったコップを物理学的に観察すると、水という液体のうちでは水分子が運動しており、また外気の側も空気を構成する窒素や酸素などのいろいろな分子がランダムに運動しています。気体化している水の分子は外気の一部ですが、水面に接すると液体の水の一部に混ざり、また逆に水面からは外気へと水分子が気化していきます。この液体としての水と外気のなかの気化した水の往還は、肉眼ではほぼ観察できません。

しかし、たとえば一日中あるいは数日、水の入ったコップを放置しておけば、やがてコップのなかの水はすっかりなくなってしまいます。火にかけた鍋に入れたお湯が沸騰して蒸発し、すべて干上がってしまうのはわかりやすいのですが、沸騰しているわけではない常温の部屋に置かれたコップの水が、時とともになくなってしまうのはどうしてなのでしょうか。それは、空気中の水分子が液体に戻るよりもはやく、液体のなかの水分子が空気中へと気化していくからです。

空気中の分子も、液体のなかの分子も、どちらもランダムに運動しています。空気中の分子のほうが運動が激しく、液体のなかの分子の運動は相対的におとなしいのです。この結果、常温の部屋に置かれたコップの水が、ゆっくりと干上がるという現象が起こります。

本書でわたしが自律的な積読環境と呼んでいるのは、このコップのなかで「おとなしい」運動をしている水分子たちによる液体のような状態です。

相対的に激しく運動している分子（空気）は、当然情報の濁流のことになります。部屋のなかに置かれたコップの水のイメージのままでは、蔵書はどんどんと情報の濁流のほうへと流出していき、自律的積読環境はやがて干上がってしまいます。わたしたちは、情報の濁流のなかで自分たちのビオトープが干上がってしまわないように、どのような工夫をする必要があるのでしょうか。

第二章

積読こそが読書である

完読という叶わない夢

読めない「うしろめたさ」は当然のもの

ピエール・バイヤールの『読んでいない本について堂々と語る方法』（ちくま学芸文庫、以下『読んでいない本について』）は原書が二〇〇七年に発表され、翌二〇〇八年には日本でも翻訳版が刊行、世界的なベストセラーとなり、二〇一六年には文庫化もされました。

本を読むときに「読み落とし」を気にしすぎると、本を読み進めることが困難になります。そもそも本を読むということの目的は、本を読むことそれ自体にはない、とバイヤールは主張します。本は、適当に読み飛ばしをして、わからない部分については知ったかぶりを決めこむべし、と言うのです。

バイヤールが『読んでいない本について』で展開している主張は、広義の「本を読まない人」たちに対する自虐を織り込んだ批判とみなすこともできますし、あるいは文字通りの「知ったかぶり」指南として読むこともできます。バイヤールの主張をどう解釈するのかは、読者の自由にゆだねられています。もっとも、バイヤールという人物は文学研究者であると同時に精神分析学者の顔もあわせ持っており、『読んでいない本について』についてどちらの解釈を採用するにしても、その「主張」を額面どおりに受け取るべきなのかどうかは留保が必要になります。フランス現代思想が専門の哲学者で、精神分析を踏まえたドゥルーズ論『動きすぎてはいけない』(河出文庫)を書いた千葉雅也は、『読んでいない本について』を評して次のように書いています。

読み落としがある、読んだそばから忘れていく、記憶は変質していく……。最後までページをめくったときのカタルシスは、形骸的なものでしかない。読書体験の実質は、律儀に最後までめくるのでも、ざっと流し読みするのでも、結局は不完全なのである。読書のこうした一般条件を確認することで、我々は積極的に、必要に応じての流し読みでも「読んだ」と言えるし、目次だけで構成を摑むのでも「読んだ」と言えるし、と、多様な読書のあり方を肯定できる。というようなことは、僕もそんなものだろうと思っていたはずなのである。しかし、その認識はモヤモヤした不安定なものだった。バイヤールという権威的な他人から改めて言われることで、僕のその認識は、ぐっと確かに固められた（……完璧にではないが）。

（「不完全性の権威」）

『読んでいない本について』でもっとも重要なのは、読み落としや内容の失念など、わたしたちが本を読むときに避けることのできない不完全性です。バイヤールはこれらの不完全性を「未読」と呼びます。

バイヤールは、次のようないくつかの「読書の不完全性」を挙げて区別し、個別に議論しています。

・ぜんぜん読んだことのない
・ざっと読んだ（流し読みした）
・人から聞いたことがある
・読んだことはあるが忘れてしまった

気をつけたいのは、ここで「未読」と呼ばれている状態は、一般的に「未読」と呼ばれないものも含んでいる、ということです。

特に、最後に挙げられている「読んだことはあるが忘れてしまった」という状態は、たしかに読書の不完全性を考えるにあたってはきわめて現実的な問題に結びついてはいるものの、あきらかに「まだ読んでいない」という意味である「未読」の範疇に含められるものではありません。

『読んでいない本について』は、世界的なベストセラーになって文庫化までされたことからもわかるように、きわめて読みやすい本です。しかしこの「未読」のように、ときおり独特の用語が出てきます。バイヤールの主張をちゃんと理解しようと思ったら、別の言葉に読み替えていく必要があります。あるいはこの本が主張するように、ちょっと読んでわからなかったら都度適当に読み飛ばしていくしかありません。

バイヤールは、読書の不完全性を不可避のこととして指摘するために、読書という行為が読者に夢見させる「完全な読書」という理想状態の失敗にあたるあらゆる状態をすべて「未読」とひとくくりにしてみせます。いちおうは「読んだ」と言えなくもない状態、「ざっと読んだ」とか、先述の「読んだことはあるが忘れてしまった」とか、あるいは「読み飛ばしてしまった」「読み落としてしまった」などの状態は、すべてバイヤールによれば「未読」ということになります。ではこの「未読」とはどのような読書の在り方なのでしょうか。

本を読む人ならば、誰しも味わったことがある「やましさ」や「うしろめたさ」。「ある本に書かれていたことのすべてを、自分は完全に理解したのだろうか」という不安。この不安が、バイヤールの言う「未読」状態と深く関わっています。

『読んでいない本について』は、この「やましさ」「うしろめたさ」を当然の前提とし、その気まずさを受けいれ、かかえこみながら読書を続けていくことを読者に勧めているのです。

バイヤールはどうして、あえて気まずい状態を受けいれろと言うのでしょうか。ある本に書かれていることを完全に理解すること、その本の著者が書きたかったことを的確に捉えるということ、その本の「おもしろさ」を十全に味わうこと、すべての読者はそれを期待して本を読みます。素朴な本の読み方、普通の人の読み方とはこのような理想を素直に抱いて読む読み方です。

しかし、この素朴な期待が報われることは厳密にはありえません。本を読めば読むほど、その読者がみずからに完璧さを求めれば求めるほど、かえって完全な読書からは遠ざかってしまう。完全な読書を追いもとめるあまり、ある本を偏執的に読み込み、誰とも共有できない独善的な理解にまで到達してしまうこともありえます。バイヤールはこのジレンマを不可避のものだとして、理想を断念し、気まずさ、うしろめたさ、やましさをいったん受けいれなさい、と主張しているのです。

「本と本の関係」に注意を払う

バイヤールは、完全な読書を諦めることを勧める一方で、「その本がどのような位置づけをされているのか」というマクロ的な視点を導入するように提案しています。

ある読者が読んでいるその書物が属している「大きな文脈」。バイヤールはこれを「共有図書館」と呼びます。この「大きな文脈」「共有図書館」において、その書物がどのような位置づけにあるのか。それを把握すれば、読者はみずからの「方向」を見失わず、迷走することを避けることができる、と言うのです。

ロベルト・ムージルという作家に「特性のない男」（『ムージル著作集 第二巻 特性のない男II』松籟社、所収）という小説があります。その小説に登場する、ある巨大な図書館の司書の言葉を借りてバイヤールは、「鉄道交通の責任者」が「列車間の関係」に注意しなければならないように、「本と本との関係（つまり大きな文脈のなかでのその本の位置づけ）」に注意を払うべきだ、と述べています。

ここで、バイヤールが諦めるように促す素朴で理想的な読み方を普通の読み方だとすると、「特性のない男」に登場する司書のような読み方はいわば鉄道交通的な読み方だと言えるでしょう。バイヤールが提示する「未読」的な読者とは、永遠に到達できない完全な読書を目指して特定の本に耽溺する独善的読書と、それぞれの本を決して読まない鉄道交通的な読書というふたつの極点のあいだにあるものなのです。

人がある書物を開き、そこに書かれている文字に目を走らせるとき、その人は何をしているのでしょうか。ある本のあるページの、ある一文に目を走らせるだけで、その人は読書をしたことになるでしょうか。あるいは、その一文が書かれた一ページだけを読んで、それを読書だということはできるでしょうか。本に書かれている内容に「ざっと目を通すだけ」という行為を「未読」に含めて肯定したバイヤールならば、このような「拾い読み」も読書として認めるかもしれません。

どこからが読書で、どの程度から読書ではないのか。これを厳密に定義することは不可能です。完全な読書が不可能なように、読書の完全な定義も不可能なのです。

「積読」は、手に入れはしたけれどちゃんと読んでいない、という状態を指す言葉です。「積読」は、バイヤールが『読んでいない本について』で「未読」と呼んだ読書と読者の関係の在り方の別の呼び方だと言えるのではないでしょうか。

それでも堂々と語る

バイヤールは「ある書物について語ることは、それを読んでいるかどうかにはあまり関係がない。語ることと読むことは、まったく切り離して考えていい」（一七七頁）と書いています。書物には何事かが書かれており、普通、人は書物を読むことでその「書かれている何事か」を知ることができると考えています。しかしバイヤールが再三『読んでいない本について』で言及している「特性のない男」の司書のように、書物どうしの関係性を知ること、その書物がどのような位置づけにあるのかを知ることで、書物そのものに目を通さないでも、その書物に何が書かれているのかを知ることができるのです。この、書物の位置づけを知ることによって、人はその書物を読まないでも、また読んだことのある書物で内容を忘れてしまったことについても、「語る」ことができるのです。

人がある書物について読んでいない状態でもその書物について堂々と語ることができるのは、書物と書物の関係性、書物の位置づけを知っている場合には限られません。というのも、その人が話そうとしている相手が同じ書物を読んでいるとは限らず、また仮に相手がその書物を読んでいたとして、その人が読み取った内容と同じように読んだり、同じように内容を記憶しているとは限らないのです。バイヤールが「語ること」と「読むこと」が別々の行為であるというのは、ある書物について語るという行為と、その書物を読むという行為との「あいだ」に、書物そのものが独立して存在し、読まれるたびに新しい読まれ方をするという特性があるからなのです。語り手がどのように話そうと、また読者がどのように読もうと、書物に書かれている文字列は変化しませんが、その読まれ方は変化します。そしてこの読まれ方の変化は、書物の位置づけのほうに依存する場合が多い。この書物の位置づけは、人々が書物について語る語り方によって都度、変化していきます。

ある書物について語ろうというときに人が躊躇するのは、その書物を自分が完全には読めていないという「うしろめたさ」と、それにもかかわらず自分がその書物の「位置づけ」に関与してしまうという無責任さが「やましい」からです。バイヤールが、それでも読んでいない本について堂々と語るように促すのは、何よりまず「完全な読書」が不可能なために「うしろめたさ」を根拠にしてその書物について語る立場を辞退することに意味がないからです。そして誰もが不完全な読書をして書物について語っている状況では、誰もが無責任にその書物の位置づけを行っているため、それに参加して書物の位置づけを変化させてしまうことに対する「やましさ」もまた意味のないことになります。

ある書物についての「おしゃべり」が求められている場面では、完全な読書や、書物の位置づけを責任を持って変化させるということは前提からして原理的に不可能なのです。専門家どうしのシリアスな対話の場合は、条件が少し違うように思われるかもしれませんが、それにしてもこの原理的に不可能な努力をしようという暗黙の前提があるだけで、その努力自体が結局のところは不可能なことであるという事実は動かしようがありません。

バイヤールは、開いてもいない、普通の意味では「ぜんぜん読んでいない本」についても堂々と語ることは可能だし、臆することなく堂々と語るべきである、と説いています。多少の誇張によって露悪的に書いているきらいはありますが、バイヤールによれば書物はページを開かずとも、どんな読者にも何らかのかたちでその一部を伝えてきているのです。完全に正確にその書物の位置づけを知ることは、完全な読書と同じように誰にとっても不可能なことなのですが、ある書物について語るときには、人は自分に伝わってきている一部、それが書物に「書かれていること」やその書物を読んだときのあやふやな記憶であるということもあるでしょうが、その「一部」を手がかりに語り、その場のコミュニケーションを成立させることにこそ意義があるというのがバイヤールの主張なのです。

未読を良しとしない人

『狭き門』（新潮文庫）などで知られる小説家アンドレ・ジッド（ジイド）は、十九世紀後半に生まれ、ノーベル文学賞も受賞しています。詩人ステファヌ・マラルメのサロンに出入りし、批評家ポール・ヴァレリーとの交友でも著名です。日本の作家では三島由紀夫や中原中也に影響を与えており、彼らもジッドについて言及しています。

そのジッドの小説「贋金つくり」（『アンドレ・ジッド集成Ⅳ』筑摩書房、所収）の原題「Les Faux-monnayeurs」は直訳すると「贋の金を交換する者たち」となります。本作の邦題は訳者によって異なり、「贋金づかい」とされる場合もあります。

この作品は、実在の事件から着想されたもので、貴族をはじめとする上流階級の何組かの家族、そして文学者たちを描いた物語です。複数の人物のそれぞれの視点が、読み進めるにつれて乗りかえるように連続していく。とある「意欲的な」文芸誌を創立しようとする文学者と、文学に憧れる若者たち、そして彼らを取り巻く老若男女の愛憎、屈折した青少年たちのそれぞれの夢と破滅を描く作品です。

主な視点人物になるのは、小説家エデュアールとその甥オリヴィエ、オリヴィエの親友ベルナール。この三人です。

ブルジョワ家庭に育ったベルナールは、司法判事の父親が自分と血が繋がっていないことを知ったことで家出をします。家を出たベルナールは、親友オリヴィエの部屋にころがりこみます。オリヴィエの兄ヴァンサンは人妻を妊娠させてしまうのですが、彼女を経済的に援助しようとオリヴィエの叔父エデュアールが現れます。

ベルナールは、このオリヴィエの叔父エデュアールに憧れ、秘書として雇ってほしいと自分を売り込みます。互いに惹かれあい仲良くなったベルナールとエデュアールに対し、自分もまた叔父を尊敬しているオリヴィエが嫉妬する。文学を媒介にした、尊敬と友情の三角関係というのが「贋金つくり」の主なあらすじです。

ベルナール、オリヴィエ、エデュアールという、主人公たちの三角関係の背景に、人気作家であり新雑誌の創刊を企てているパッサヴァン伯爵、その悪友でオリヴィエやベルナールの先輩にあたるストルーヴィルー、ストルーヴィルーたちが流通させる贋金によって悪い遊びに手を染めていく少年たちが絡みあっていきます。登場人物の関係を書き出すだけでなかなか複雑ですが、ここにエデュアールの書きかけの小説草稿、エデュアールの日記、登場人物たちが互いに宛てた手紙も作品の一部として挿入されていて、作品の構造もなかなかに込み入っています。

このように複雑な構造で描かれる本作の核にあるのは、作品名にもある「贋金」です。「贋金つくり」が発表されたのは一九二五年。世界的に貨幣制度が変革期にあった時代でした。もっとも、ジッドにとっては貨幣の問題は、その創作活動の最初期から扱ってきたものです。しかし「贋金つくり」が時流の変化を社会反映的に書いた作品でしかないと考えるのは早計です。

とはいえ、「贋金つくり」においてジッドが、「実直な人柄」を「金貨」にたとえ、実際の価値と外見がちぐはぐな「贋金」を「皮相な人物」のたとえとしていた、とひとまず解釈することはできます。金貨の価値はその重さで量られます。金の純度が金貨の価値を決めるからです。金貨を叩いたときに鳴る音が澄んでいるほど、その純度は高く、良い金貨は良い音を鳴らすと言われています。

ここで、作中でオリヴィエの人柄がうかがえる描写をひとつ引いてみましょう。

オリヴィエは、自分があまり知らないことは、全然喋らないように気をつかっていた。けれども、ロベールが交際している仲間のあいだでは、そんな配慮はまるでなく、自分たちが読みもしない本に、きっぱりとした批判を下して平気でいるという有様だったので、オリヴィエのほうが良心的であったというだけのことなのだが、彼は、自分が彼等よりずっと無知だと思うことになった。

（四〇三頁）

さて『読んでいない本について』でバイヤールが「ぜんぜん読んだことのない本」についても「堂々と意見を言う」ことを推奨していたことを思い出してください。「贋金つくり」のオリヴィエは、バイヤールの推奨するような態度に対して当惑を禁じえないのです。

オリヴィエは良心的であろう、正直であろうとして、つまり「金貨」であろうとした結果、友人たちの「おしゃべり」についていけず、「無知」というレッテルを受けることになったのです。

もしもオリヴィエが『読んでいない本について』を読んでいたとしたら、彼は無知のそしりをまぬがれることができたのでしょうか。もちろん答えは「否」でしょう。オリヴィエは、単純明快で実直な信念を曲げず、胸を張って金貨たらんとするはずです。軽薄なエセ読書をあおるバイヤールを蔑むことすらしかねません。

しかしバイヤールは、読書の不完全性を見逃しません。あらゆる読書は不完全で、さまざまな未読を含みます。「読みこぼし」と「忘却」にとりつかれた読書という行為において、オリヴィエははたして自分が「読んだことのある本」を一冊でも挙げることができるのでしょうか。

「完全な読書」を諦める

バイヤールは、読書に関する次のような状態を「本を読んでいない」状態、つまり「未読」であるとしながら、それにもかかわらず「堂々と語る」ことができると主張していました。

バイヤールの言う「未読」は次の四つに大別されます。もういちど挙げておきましょう。

・ぜんぜん読んだことのない
・ざっと読んだ（流し読みした）
・人から聞いたことがある
・読んだことはあるが忘れてしまった

このうち、普通の意味で「未読」と言われるのは「ぜんぜん読んだことのない」と「人から聞いたことがある」だけで、残りの「ざっと読んだ（流し読みした）」と「読んだことはあるが忘れてしまった」のふたつは文字通り「流し読みはした」「読んだことはあるが忘れてしまった」と言うことはあっても「まだ読んでいない（未読だ）」とは言わないはずです。バイヤールはなぜ、これらをひとまとめにしているのでしょうか。

これらの四つに共通しているのは、理想的な「完全な読書」があって、いずれもその「完全な読書」と比較して不完全である、ということです。バイヤールは未読の状態でもその本について「堂々と語ることができる」と主張しているように見せかけて、実は「完全な読書」を諦めることを読者に勧めているのです。

ではなぜバイヤールは「完全な読書」という理想を諦めることを勧めているのでしょうか。それは「完全な読書」を求め続ける限り、読者は本と本の関係に注意を払うことができず、バイヤールが「共有図書館」と呼ぶものの方向性を見失ってしまうからです。「共有図書館」とは「ある時代の特定の文化の方向を決定づける重要書の総体」としてバイヤールが想定しているものです。そんな図書館はどこにも実在していませんが、そのようなものが「ある」と想定することはできます。その「共有図書館」と「自分がいま読んでいる本」との「関係」を知ることこそ肝心であるというのがバイヤールの主張です。

どの書物が「共有図書館」に含まれる重要書であり、ある時代の特定の文化の方向を決定づける重要書なのか、それを知るにはどうしたらいいのでしょうか。バイヤールは『読んでいない本について』で明確な答えを提示していません。また、本と本との「関係」を知るにはどうしたらいいのか、この問いに対する回答もバイヤールは避けています。

いずれにせよ、バイヤールは次のように考えているのです。

・世の中には、重要書の総体（共有図書館）があり、それが文化の方向を決定している

・本と本との関係を知ることで読者は自分の方向性を見失わずにいられる
・完全な読者を志向してしまうと、本と本との関係を見失ってしまう

バイヤールの書き方は皮肉が溢れていて、そのまま信用することを拒絶しているようにも見えます。しかし『読んでいない本について』でバイヤールは「読んだ内容を忘れるに任せ、とにかく流し読みや拾い読みをする」という読み方を推奨するのです。

素朴に書物と向き合ってひたすら読み込んでいくという態度は一見すると実直なものですが、バイヤールはそれを認めません。

「よく知る」ことの傲慢さ

ここで意識するべきなのは、「一見したところ実直」という読み方が、本当はどれくらい真摯なのかという問題です。

先ほど触れたジッドの「贋金つくり」に登場するオリヴィエは、「自分があまり知らないことについては喋らない」ようにするという素朴さを持ったキャラクターでした。しか

し彼の周囲には「読んでもいない本」について批判することを恐れない人々が次々と現れ、オリヴィエは自分が無知であるとみなされていくことに気づきます。普通に「贋金つくり」を読めば、ジッドがオリヴィエのような人物にあたたかい共感を寄せていることは容易に読み取れますし、多くの読者も「あるある」と思いながらこの箇所を通過していくことでしょう。

しかし、少し立ちどまって考えてみましょう。ある本についてよく知らないから黙る、という高潔で慎み深い（かのように見える）態度を採用した結果として、オリヴィエは無知だというレッテルを貼られることになります。そのくらいの恥辱を甘んじて受けたとしても、くだらないおしゃべりのために知ったかぶりをするようなことは決してしない、という気持ちはわかりますし、またオリヴィエがこのようなある種の「堅物」性を持っていなければ「贋金つくり」の主人公として魅力的に立ちまわることはできなかっただろうとも言えます。

しかし、このたぐいの「堅物」性を発揮する人物に出くわしたときに、その場にいる人々が感じることは何でしょうか。

「それについてはよく知らないから話したくない」。慎重な態度であり、その限りで高潔な態度でもあります。好感すら覚える場合もあるでしょう。とはいえ、バイヤールはこの態度を棄却します。オリヴィエがこうむったような「無知」のレッテルを恐れるという側面もあるでしょうが、むしろ注目したいのはオリヴィエやこの種の「高潔」な人たちが発言を控える際に理由にする「よく知らないから」という部分です。

何かについて語れるのに十分なだけ「よく知る」ということは、これまで書いてきた文脈で言う「完全な読書」と同じく、あくまで理想的なものにすぎません。大学や企業での研究活動を尊重している人や、特定の学会誌や専門誌の権威を信じている人ならば、研究者という肩書きや論文の発表などという実績をもって「よく知る」と「よく知らない」を区別したりするかもしれませんし、実際のところはそのようにして個別具体的な現場判断を採用していくしかありません。しかし、ひとたび一歩引いて考えてみるならば、何かを語るために十分な知識の量と体系、要するに「語るための資格」を備えていると自負するというのは、結局のところは権威主義的で鼻持ちならない高慢さの表れでもあるのです。「無知」というあざけりをこうむるオリヴィエの実直さは、作者がいかに共感を込めて描いているとしても、同時に、周囲の友人知人を見くだす幼い傲慢という側面もある態度なのです。

オリヴィエの実直と傲慢が表裏になった態度と好対照をなすのが、パッサヴァン伯爵の姿です。パッサヴァンは「新鮮な感性で既存の文壇に革命をもたらすような雑誌」を作ると息まきながら、その看板として少年作家の編集長を任命しようと画策します。パッサヴァン自身も作家ですが、パッサヴァンは自作については自分で失敗作だと言ってはばかりません。狡猾なようでいて浅薄、貴族的で高飛車なふるまいをしながらも、作中の誰よりも自分自身とその作品に冷淡。親の遺産を食いつぶしながら、道楽のように作家業をやり、若い人たちが文壇に新風を吹きこむ「革命」のお膳立てをしようとする。完全な俗物として造形され、現代の日本にも似たような人物が散見されるようなリアリティをはなつキャラクターです。

創作に携わる者の姿としてふたつの極をなすオリヴィエとパッサヴァンの対、「実直／傲慢」と「狡猾／冷淡」の対は、そのまま知識の多寡もしくはある種の知恵の有無をめぐる対立に置きかえることができます。オリヴィエは自分が「無知であることを知っている」という意味では、ある意味で無知ではないのですが、それを理由にして語らないことを選ぶという傲慢さを露呈します。パッサヴァンもまた傲慢と言えば傲慢なのですが、裕福な年長者で世知に長けており、その分「スレて」いるという意味で知識においてオリヴィエに優越しているのです。

深く読み込むことと浅く読むこと

初級読書と点検読書

一九四〇年にアメリカの哲学者モーティマー・J・アドラーが発表した『本を読む本』（講談社学術文庫）は、日本でも名著として高く評価されています。二十世紀前半に発表された本書はベストセラーとなり、いまでも多くの「読書家」がお気に入りに挙げる一冊。原書のタイトルは『How to read a book』。典型的なハウツー（How to）本です。なおバイヤールの『読んでいない本について』の原題は『Comment parler des livres que l'on n'a pas lus ?』、英語にすると『How to talk about books you haven't read』となります。バイヤールの本もハウツー本だったのです。

さてこの典型的な「読書術指南」本のなかで、アドラーはどのような読書を勧めているのでしょうか。アドラーは、読書の方法を次の四段階に分類し、順を追って説明を加えていきます。その四段階とは次のとおり。

・初級読書
・点検読書
・分析読書
・シントピカル読書

前半のふたつ、初級読書と点検読書は「重要な本」を選び出すために「ふるいにかける」作業に相当します。後半のふたつ、分析読書とシントピカル読書はふるいにかけて選ばれた「重要な本」を、より深く理解し、何かと「使える」ようにする方法として紹介されています。

アドラーが『本を読む本』で最初に挙げている「読書法」は「初級読書」です。「初級読書」とは、本に書かれている内容を、最初のページの最初の段落の頭からそれぞれの文末まで順を追って読み進めていく、いわば「普通の読書」の仕方です。詳しくない分野の本や、慣れない外国語の本を読むときなどには、必然的にこの方法を採用することになります。アドラーは、多くの読書家を含む大半の読者がこの「初級読書」でしか読書していない、と書いています。

こんな「読書法」、わざわざ書かれないでも知ってるよ、という声が聞こえてきそうですが、「読書のやりかた」というような愚直な書名で原著が発表されたことからもわかるように、この『本を読む本』にはこのような冗長な部分が多々あります。こういう冗長な部分を今後は読まないで済ませるようになることも、「読書法」を学ぶ目標になるかもしれません。

「初級読書」に続いて挙げられている「点検読書」は、ある本に「何が書かれているか」を読む段階。書名や副題、自著解説、目次などを読む、という段階であり、いわゆる書物の「本文」ではない部分から情報を得ようとする段階です。

ほとんどの読者がこの段階を知らない、とアドラーは書いています。とはいえ、アドラーのこの『本を読む本』が発表されてから半世紀以上経った現代、意識的に読書をする読者ならばなんとなく採用しているであろう方法でもあります。

さて、ここで思い出してほしいのは、バイヤールがあんなにも挑発的な『読んでいない本について』で、珍しく否定的に書けなかった、ある「読書」法があったことです。

バイヤールの本を含めてほぼあらゆる読書論で強調されているのは、「重要な本」を選ぶためには、たくさんの本を開いてその価値を値踏みする必要がある、ということです。バイヤールですら「世の中には、人々が認めた『重要な本』がある」という事実があることを否定することができませんでした。

しかし問題は、どの本が「重要書」で、どの本がそうではないかを「見極める」ことです。手当たり次第に本を手に取り、アドラーが言う「初級読書」で一冊一冊の文頭から読み始めてそれぞれの一字一句を追って確かめようとするのでは、時間がいくらあっても足りません。

このような場面でアドラーが提示するのが「点検読書」です。「まえがき」「あとがき」「目次」などの、書物の「本文ではないところ」に目を通すことで、いま自分が手にしている本に（自分がいま時間を割くだけの）価値があるかどうかを見極めることができる、というわけです。

分析読書とシントピカル読書

「点検読書」で「重要な本」を選び出したら、アドラーの「読書術」は「分析読書」と「シントピカル読書」の段階へ進みます。

「分析読書」は、一冊の本を徹底的に読むこと。「もっとも積極的な読書」だとアドラーは書いています。ある本の構造を捉え、その構造のなかで重要な部分を把握し、それに対する読者自身の立場を明らかにする、という段階。この段階をスルーしてしまうと、本についての風評に惑わされたり、重要ではない部分だけを読んでわかったつもりになってしまう、というわけです。

この段階をきちんと踏まえることが、ひとつの本についてきちんと理解することである、とアドラーは言いたいのでしょう。バイヤールのやや皮肉な態度と対照をなす部分です。いわゆる「積読」からもっとも遠い読書の態度ということになります。

そして奇妙な響きを持つ「シントピカル読書」。響きこそ奇妙ですが、これは複数の書物を横断し、あるトピックについて横軸を通すために読むという段階です。いわゆる「研究」にあたると考えればわかりやすいでしょう。たとえば本稿のために「読書」というテーマでこの『本を読む本』や、『読んでいない本について』、「贋金つくり」、ショーペンハウアーの『読書について』や、ナンシーの『思考の取引』を読む、そんな段階です。

ところで、『読んでいない本について』のバイヤールは、『失われた時を求めて』で知られるマルセル・プルーストについて論じた著作もある文学研究者です。バイヤールもプルーストの著作やそれに関する資料、研究書などを、アドラーの言う「シントピカル読書」で読んでいるはずです。

バイヤールの『読んでいない本について』は悲観的読書論であり、アドラーの『本を読む本』は楽観的な読書論です。しかしバイヤールは何について悲観していて、何についてアドラーは楽観しているのでしょうか。

バイヤールが悲観し、アドラーが楽観しているのは、「読書ははたして可能なのか」という問題です。バイヤールは「読んだ本の内容を記憶しておけない」といった「否定性」を大きく捉えており、アドラーのように緻密に読書をしようとしても読みこぼしをし、読んだ内容を忘れ、しかも目を通した部分については読み間違えをしてしまう、ということを強調するのです。

『本を読む本』に書かれている「読書術」は、まともな教育機関なら研究や学習の初歩として教えていることを丁寧に書いているだけ、とも言えます。悪く言えば「当たり前のこと」しか書かれていません。

アドラーのように読みたい、多くの人はそう願うでしょう。しかしそのようには読めない、かもしれない。という「やましさ」あるいは「うしろめたさ」、そこがやはり問題になるのです。

ショーペンハウアーの読書論

古典を読みなさい

バイヤールとアドラーに続いてご紹介するのは、十九世紀ヨーロッパの思想家・哲学者、アルトゥール・ショーペンハウアーの『読書について』（岩波文庫）です。

ショーペンハウアーは『読書について』で、次のようなことを書いています。世の中には「金儲けのために原稿用紙を埋めただけ」の悪書が大量に新刊として出版され、その著者たちは互いの生活を守るために、また著者以外の出版産業の従事者たちは商売上の利益のために、それぞれ「うちわ褒め」を繰り返している。「金儲けのために原稿用紙を埋めただけ」の新刊が大量に出版され、また「うちわ褒め」でしかないような文章がまた大量に印刷されて流通している、ショーペンハウアーはその状況をきわめて厭わしげに糾弾したのでした。読者の皆さんにとっても身に覚えのある、耳の痛い話かもしれません。ちまたに溢れる悪書をしりぞけ「良書を読みなさい」とショーペンハウアーは書いています。しかし「悪いものを遠ざけ、良いものを手に取れ」というのは当たり前のことで、「何が良い本で何が悪い本なのか」を判断できなければ、まったく意味のない話です。

ショーペンハウアーの言う「良書」とは何でしょうか。それは、歴史の荒波を耐えてきた「古典」です。

「古典」は、その著者たちが、自分で考えながら「その人なりの文体」を確立している書物である、というのがショーペンハウアーの定義です。古典に保存されたその「他人の思考」を前にして、読者は自分自身の思考を鍛錬していくことになる。ショーペンハウアーはそのように考えました。

ショーペンハウアーは「思索」と題された文章で、「思想家には多量の知識が材料として必要であり、そのため読書量も多量でなければならない」(一二頁)と書いています。しかしこれはやみくもに多読をすればいいということではありません。読書をするよりも前に、まず読者自身が物事を自分で考えて、その「自前の思想」を鍛えるものとして本を読みなさい、と言うのです。

「贋金つくり」の作者ジッドは、ショーペンハウアーとドストエフスキーの強烈な影響を受けた作家でもありました。この「自分自身の思想」というものを重視するところは、先ほどの「金貨」のような「それ自身の価値」を重視する考え方を彷彿とさせます。

「自前の思想を鍛えなさい」と説くショーペンハウアーと、「本などまともに読まずにおしゃべりをしなさい」と享楽を装うバイヤールとは、まるで真逆の考え方に思われるかもしれません。でも、ふたりの主張には共通点があります。バイヤールが「重要な本」の存在を認めているという点にはすでに触れましたが、もうひとつ、バイヤールはショーペンハウアーと同様に「自前の」ものを重視していました。

バイヤールは、読み飛ばしたり聞きかじったりしただけの本、あるいはまったく知らない本、つまり「未読」の本について、「自分の意見を押しとおせ」と説いています。むちゃくちゃを言っているように思われるかもしれませんが、多かれ少なかれ実際に「おしゃべり」をする段になって、「贋金つくり」のオリヴィエのように「無知」の烙印をおされることをむしろ潔しとしないのがバイヤールなのです。

ショーペンハウアーは一七八八年、十八世紀のポーランドに生まれています。『読書について』の原題は「Über Lesen und Bücher（読書と書物について）」。ショーペンハウアーがベルリン大学の職を辞して隠遁生活に入ってからの時代に書かれ、彼のキャリア後期に発表された『パレルガ・ウント・パラリーポメナ（付録と補遺 Parerga und Paralipomena）』に収録された一篇です。

ショーペンハウアーが生きた十八世紀から十九世紀という時代、つまりこの『読書について』が書かれた時代は、中国からヨーロッパに紙が伝わってから五世紀後、グーテンベルクの活版印刷技術が発明されてから三世紀後の時代です。宗教革命による新旧教の対立は依然として深刻であり、フランス革命のような市民革命をはじめとして思想上の紛争も頻繁に起きていました。さらに蒸気機関の発明によって始まったとされる産業革命は、まさにショーペンハウアーとほぼ同時代に展開していました。

『読書について』が書かれたのは、さまざまなレベルで言葉が大量に生産され、印刷され、流通するようになっていた時代です。この時代よりも前は、そもそも紙がまだなかったり、紙があっても非常に高価だったり、あるいは印刷技術が未熟で書籍の大量生産がされていなかったり、書籍の流通が発達していなくて「欲しい本」が入手しづらかった時代でした。ショーペンハウアーの時代には、それ以前の時代には考えられないほどに、印刷された言葉、つまり「書物」が氾濫するようになっていたのです。ショーペンハウアーは、彼の時代なりの「情報の濁流」にさらされていた、と言えるでしょう。

よく「悪貨は良貨を駆逐する」と言いますが、書物の流通量が爆発していた時代に、ショーペンハウアーは「悪書が良書を駆逐する」という、現代にはより激しくなる懸念を抱いていたのです。

ショーペンハウアーの修業時代

現ポーランド領グダニスク（ダンツィヒ）に居を構えていた貿易商ハインリッヒ・フローリス・ショーペンハウアーの長男として生を享《う》けたのが、のちに思想家として有名になるアルトゥール・ショーペンハウアーでした。その誕生の翌年一七八九年には、フランス革命が勃発しヨーロッパ世界に衝撃を与えました。ショーペンハウアーは、一八一九年に代表作となる『意思と表象としての世界』を発表、翌年一八二〇年にはベルリン大学で講師の職を得ます。この『意思と表象としての世界』中公クラシックス版に寄せて鎌田康男が書いた「ショーペンハウアーの修業時代」は、ショーペンハウアーの少年時代を短い文章に詰め込んだ、なかなか読み応えのあるもので、若き日のアルトゥール少年の両親が多感な子供を抱えながら生きた激動の時代背景もうかがえます。

父フローリスが生き、息子のアルトゥールが若い頃を過ごした十八世紀、その百年以上前にはいわゆる『ドン・キホーテ』がスペインで出版されていました。『ドン・キホーテ』は、スペインの片田舎の読書家の老人ドン・キホーテが、騎士道物語という虚構と現実を混同してしまい、自分を騎士だと思い込むという物語です。風車を巨人だと思い込んで突撃していく場面は、作品を読んだことのない人にもよく知られています。

ところで風車はオランダを象徴する建造物。風の力で小麦粉をひいたり、海抜ゼロメートル以下の低地を干拓したり、また蒸気機関が普及する前の工業地帯の動力源にされたりと、風車はさまざまに活用されました。

アルトゥールの父フローリスの母親、つまりアルトゥールの祖母は貿易大国オランダの名家の娘でした。フローリスとアルトゥールの時代、すでにヨーロッパの海上貿易の主戦場は地中海から大西洋そしてアジアへと拡大していました。現在「オランダ」と日本で呼ばれている地域は毛織物が盛んな地域で、その産業が生み出す富をめぐって当時の西洋諸国は権力争いを繰り広げていました。

十五世紀頃にオランダは、オーストリアとスペインを支配していたハプスブルク家の所領となります。しかし十六世紀になると、オランダの市民はハプスブルク家からの独立を勝ちとり、ネーデルラント連邦共和国が誕生します。『ドン・キホーテ』は、中世から続く「ハプスブルク家の国スペイン」が、「新興の近代国家オランダ」という巨人に対して戦いを挑んで敗れるという寓話としても読めるのです。

また十八世紀にアルトゥールとその父フローリスが生まれたダンツィヒはバルト海に面した港湾都市で、ハンザ同盟に加入していました。アルトゥールが生まれた頃、ダンツィヒを領有していたポーランド王国は弱体化し、オーストリアとプロイセン、そしてロシアによって分割されることになります。フローリスはプロイセン王の慰留を振り切って新天地たるハンブルクへ移住します。

幼い日のアルトゥールが住むことになったハンブルクは、チェコから北海へと注ぐエルベ川の河口付近の商業都市。イギリス、ドイツ、オランダ、フランスの船が行きかう北海は、やはり列強がしのぎを削る海です。

アルトゥール・ショーペンハウアーが生きた時代は、ハンザ同盟に代表される中世的な経済から、オランダやイギリスが世界に覇を唱える近代的なグローバル経済へと変化展開していく時代でした。

『帳簿の世界史』を読むと、日本で言うところの大蔵官僚や財務大臣にあたる役職に関わる人物がフランス革命に与えた影響の大きさがうかがえます。そのフランス革命の末に登場するのが皇帝ナポレオンでした。アルトゥールが生まれたのはフランス革命の前年。ショーペンハウアーはまさにフランス革命後のヨーロッパとともに生きた哲学者だったのです。

フランス革命前後の出版事情

フランスが革命に向かっていく十七世紀から十八世紀の出版業界の様子を、「製本」というレイヤーから眺める『書物と製本術』（みすず書房）を読むと、国王に認められた正規の出版業者の他に、反体制的な怪文書的書物を商う業者もいたことがわかります。宮廷で国王の蔵書を製本する職人として栄誉ある仕事をする人々が扱う書物だけでなく、体制の転覆を促す政治的なパンフレットも多く流通していたのです。

現在からすればごく小規模ではあるものの、活字を揃えて印刷をして、印刷された紙の束を書物のかたちに製本する業者は大きな設備投資が必要となり、また言論統制や同業者間での争いを管理するために、業者たちはギルドを作り、ギルドのなかでは厳格な徒弟制度を維持し、同業者間では親方どうしの序列を設け、その権威は宮廷や政府によって担保されるようになっていました。

ショーペンハウアーは、先述のとおり生まれはダンツィヒで少年期をハンブルクで過ごしますが、貿易商だった父親はすでに国際人であり、その息子にも国際的なビジネスマンとして将来は自分の事業を継承することを期待して教育をしていました。

国際ビジネスマンへと教育される一環として、ショーペンハウアーは少年期に二年間フランスのルアーブルに拠点を置く大商人のもとで修業することになりました。この時期、パリではクーデターによって革命政府の混乱からナポレオンによる独裁体制へと移行していました。

ヨーロッパをめぐる長い家族旅行を挟みながら、ロンドンの名門校で英語を学ぶなど国際的なビジネスマンとしての教養を積んだショーペンハウアー少年は、医学部へと進学します。この頃、息子を国際的な実業家に育てようとした父フローリスは不幸にも事故死し、伝統あるショーペンハウアー商会は解散、遺された家族には遺産が分配されました。思想家として晩年にいたるまで長い期間を隠遁して暮らしたショーペンハウアーには意外にも、この遺産をうまく管理して財産を殖やしていたという「もうひとつの顔」があります。ともあれ、夫を喪ったアルトゥールの母ヨハンナは小国ワイマール公国に移住し、ワイマール公国宰相ゲーテと親しく交流し、みずから主催するサロンで華やかな社交を展開していました。ショーペンハウアーはこの母親と、この頃から折り合いが悪くなっていきます。アルトゥールにとって「社交」は煩わしいものであり、みずからの「思索」へと没頭する晩年に向けての人生が始まったのです。

「自前」の考えを作る方法

読んでいない本について堂々と語るための積読術

さて、ショーペンハウアーの半生を追うのはこれくらいにして、本節以降はバイヤール、アドラー、ショーペンハウアーの三人の読書論を踏まえながら、現代に生きるわたしたちがどのような読書、そして積読をすることが可能なのかを検討していきましょう。その過程で、よりよく読書すること、よりよく読書しようと努めることが、積読すること、よりよく積読しようとすることであることを示していこうと思います。

まず『読んでいない本について』の著者バイヤールは「完全な読書は不可能な理想にすぎない」ことを強調しました。どんなに本を読もうとしても、読み落とし、記憶違いや記憶の欠落は避けられません。どんなにまじめに読書をしたところで、実質的にはすべて拾い読み、つまみ読み、曲解でしかない。完全な読書を目指す誠実な読者はその、拾い読み、つまみ読み、曲解の程度を軽減しようと努力するわけですが、その試みは果てしなく、「完全な読書」の意味で「読めた」と言える日は訪れることはありません。

気がつけば「完全な読書という理想」を追う人は、「読むことができた」と思える本を一冊も持てないことになります。「完全に読んだと言える本がある」とその人が信じている本が仮に何冊かあるとしても、それはその人の思い込みにすぎないのです。「完全性を損なわれた読書」をバイヤールは「未読」と呼びます。

不可能な理想でしかない「完全な読書」をやみくもに目指すことに警鐘を鳴らすバイヤールが推奨するのは、「重要な書物」を見極めて、書物と書物の関係、いわば見取り図を的確に掴むことでした。それはさまざまな方向に走る鉄道の路線図を把握して、列車どうしが事故を起こさないように見守るようなもの、と「特性のない男」の図書館司書の言葉を引きながらバイヤールは述べます。

しかしバイヤールは「重要書」をどのように見極めるのかを提示してはいませんでした。何度も指摘しているとおり、現代は世界的に情報の濁流に飲み込まれており、何が重要な書物なのかを見極めるのはきわめて難しくなっています。バイヤールがその方法について明言を避けたのは賢明だと言わざるをえません。それでもなんとか自分なりの「重要書」を見つけなければ「読んでいない本」について「堂々と語る」ことは難しいままです。

ここで必要になるのが、ビオトープ的な積読の方法です。

ある分野の専門家がよく口にしがちな昔語りに「初学者の頃は、わけもわからずに参考書に手を出して、意味がわからないまま読み散らかした。いま思えば当時は何もわかっていなかった」というものがあります。この種の昔語りには定番として「その筋の名著に出会い蒙を啓かれた」という経験が続きます。

バイヤールを経由したわたしたちならば、そのような特権化された名著に出会っていまがあると語る「専門家」であろうと、その名著についてさまざまな「未読」をしていて、とうてい完全な読書などしていないだろうということは容易に想像がつきます。むしろ重要なのは、その「専門家」が「わけもわからず」手を出して、読んでも意味がわからなかったと言って名前を挙げられることもない無数の書物たちのほうです。

何かを読みたいという気持ちがある人は、まずは読んでも意味がわからないことを覚悟したうえで、ある程度の投資をするべきなのです。読みもしないでこんなに買って積んでいいのだろうか、というくらい、本をまずは手元に集めましょう。積むのです。投資をする前に、買いたい本、気になる本をリストアップして、買う順番を検討したり、予算を立てていつ買うかを決めてスケジュールに書き込んでもいいでしょう。

その過程で、あなたの手元には読もうとしている本の目録ができあがります。何冊か、何十冊かと買い集めるうちに、その目録は物質性をともなった書名の集積になっていきます。本棚に並ぶそれらの本の背表紙を眺めるだけで、それらの本がどのようなものなのか、やがてある程度わかるようになってくるでしょう。

ときには気が向いて、そのなかから一冊二冊と引き抜いて、つまみ読み、拾い読みをすることもあるでしょう。その本はいつまでも「未読」のままかもしれませんが、それでもまったく手を出さないよりは身近になるはずです。そして運が良ければ、そのなかから「これは」という一冊を引き当てて、よくいる「専門家」のように例の昔語りを語る側になれるかもしれません。繰り返しになりますが、仮にそのような名著を引き当てる幸運に巡りあえたとしても、重要なのはそこにいたるまでに手当たり次第にリストアップし、買い集めた無数の積読のほうです。それらの投資なしに、幸運な名著との出会いはありえない、それが情報の濁流の時代環境なのです。

その無数の積読を構築することが、あなたのビオトープ的な積読環境の構築であるということになります。手当たり次第にリストアップして、買い集めることをいま推奨しましたが、本当に単に手当たり次第に手を出してしまうならば、それはビオトープ的にはなりません。ビオトープは生態系です。ビオトープ的な積読をするためには、その積読の山を殺さないように、情報の濁流のカオスから、あなたは自分の積読の山を守る必要があります。

テーマをひとまず「決める」

アドラーの『本を読む本』は、およそ積読とは相性の悪い読書術の手引きに思われるかもしれません。アドラーが「初級読書」と呼ぶ、書物を律儀に頭から最後まで読む読み方は、たしかに積読的とは言いがたいものです。

初級読書はもっとも基本的な読書の方法ですが、アドラーも書いているとおり多くの読者が採用している読書の方法です。そしてほとんどの読者が初級読書しかしていません。わたしたちがあえてこの初級読書から始める必要はないのです。初級読書は飛ばして、次のステップから始めましょう。初級読書は、情報の濁流に飲まれている人々に任せておけばいいのです。

では、初級読書に続けてアドラーが挙げている方法「点検読書」「分析読書」「シントピカル読書」の三つはどうでしょうか。書物に書かれていることを深く読み込む分析読書はたしかに積読とは相性が悪いのですが、点検読書やシントピカル読書は、実は積読ととても相性の良い方法です。

アドラーの第二の読書術である点検読書。これは、ある程度の点数の書物を読む必要のある人ならば、かなり広く実践している方法で、あらためて詳述する必要もないかもしれません。書物のいわゆる本文をいきなり読むのではなく、まえがきやあとがき、目次や索引をまず読んで、その書物の概要を掴むという方法です。

アドラーは点検読書を、これに続いて紹介する第三の読書法である分析読書や、第四の読書法であり研究者が実践するシントピカル読書などのための地ならしとして紹介しています。しかしビオトープ的な積読のためにも点検読書は役に立つのです。

分析読書に進まずに単に積むだけの本であっても、時間の空いたタイミングでまえがきやあとがきをつまみ読みしてみる、気になった本の目次だけを読んでから積読リストや欲しいものリスト、購入候補に加えるかどうかを検討する、このひと手間をかけるだけで、あなたの積読の質はグッと高まります。

そしてビオトープ的な積読環境の構築のためにもっとも重要なのが、実はシントピカル読書の方法です。

シントピカル読書は、アドラーが研究者のために提案している方法です。研究者とは、プロの読書家であると同時にプロの積読者でもあります。研究者の蔵書はプロが構築した理想的な積読環境であり、研究者の蔵書がしばしば「森」にたとえられるのは、それがビオトープ的な生態系的側面を持っているからにほかなりません。

アドラーはシントピカル読書の端緒に、研究のテーマを決めることを挙げています。あなたがこれから何かの知識を得たい、あるいは何かの書物を楽しく読みたいと思ったときには、自分が何をテーマにするのかを決めることが重要です。もっとも、あなたはこれから積読を始めるタイミングにあって、何をテーマに据えるべきかをすぐには決められないかもしれません。あるいはすでに情報の濁流に飲み込まれて溺死寸前であり、テーマを挙げようと思えばいくらでも挙げられて決められないという状態かもしれません。それでも大丈夫です。大事なのは、テーマをとにもかくにもひとまず「決める」ということです。

しばらくいろいろな本に手を出してみてから変更してもいいので、いつでも開いて確認できるところに、自分なりのテーマを書き出してみましょう。わたしの場合は、これまで紙のノート、デスクトップパソコンのテキストエディタ、付箋、などなどいろいろな方法でテーマを書き出してみました。ものを失くしやすいわたしは、紙のノートはテーマを書き出してもいざというときに紛失するし、付箋も簡単に見失うし、デスクトップパソコンは出先では確認できないし、テキストファイルをどのフォルダにしまったかわからなくなってしまうので、結局のところスマートフォンのメモ帳アプリに落ち着きました。

iPhoneのメモ帳アプリはクラウドにバックアップが可能なので機種変更をしても引き継ぎできるし、Gmailなどにもバックアップを送れるので電池切れなどでiPhoneを開けないときでもネットカフェや他人のパソコンなどで確認することができます。何より検索が可能なので、テーマに紐づいたキーワードをしのばせておくことで、いつでもどこでも自分のテーマを呼び出せるという強みがあります。

単なる多読は時間の無駄なのか

ショーペンハウアーの『読書について』を読んでいると、バイヤールのような「おしゃべりのための（非）読書論」は浅薄で有害なものでしかないような気がしてくるかもしれません。バイヤールは、完全な読書など不可能な理想でしかなく、誰もまともには書物を読んでいないので、書物について話すときは拾い読みの知識で、うろ覚えのまま適当に話せばいいと断言しています。

これに対して、小国とはいえ当時最先端の知的水準にあったワイマール公国に住んでいた母ヨハンナが、公国宰相ゲーテも含めた文化的政治的中枢の要人が集まるサロンを主催していたショーペンハウアーにとっては、社交というものはとことんウンザリさせられるものでした。社交のおしゃべりのための読書術など言語道断というのがショーペンハウアーの読書論です。

そもそもショーペンハウアーは、書物とはそれを書いた人の思考をそのまま書き記したものではなく、いわばその出涸らし、脱いだあとの服、のようなものでしかなく、またそれを読むということは、読者が自分の頭で考えないで済むように、他人の頭で代わりに考えてもらう楽な作業でしかない、と考えていました。自分で考えるのに疲れたときに、気休めに他人が書いたものを読むのはいいが、いたずらに多読するのは時間の無駄だと言うのです。

ショーペンハウアーは、むやみな多読を戒めつつ、まずは自分の頭で考えることを主張しました。自分の頭で考えずに、他人の書いたものを濫読して何かを語った気になる人をショーペンハウアーは軽蔑してはばかりません。

ショーペンハウアーと一見したところ正反対の主張をしているようにも読めるバイヤールの『読んでいない本について』がどこか皮肉な雰囲気をまとっているのは、バイヤールも、『読んでいない本について』の読者の多くもまた、心のどこかでは、どうせちゃんと読めもしないような本について堂々とおしゃべりする人たちのことを胡散臭いと思ってしまうからでしょう。

しかし、どんなに胡散臭くとも、ショーペンハウアーがどんなに軽蔑しても、他人の言葉を摂取せずに何かを語るということはできません。完全な読書が存在しないのと同様に、完全に読まない、ということもまた不可能なのです。程度の違いはあれど、人は不完全な読書を前提にするしかないのです。そして、肝心なのはこの不完全な読書の「程度」をどうするか、ということになります。読書を「どの程度、不完全にするか」。

ショーペンハウアーが生きた時代は、彼にとってすでに情報の濁流の時代でした。現在から比べれば人口もまだ少なく、インターネットどころか電話もテレビもない時代です。

やがて蒸気機関の発明により飛躍的に書物の大量生産が効率化し、流通網も整備されていくのですが、それすらまだ少し先の話だった時代です。

それでもすでに述べたとおり、大航海時代を経て未知の文物がそれまでとは比較にならないほど大量に流れ込み、絶対王政が打倒され、共和制をはじめとした新しい思想がさまざまに議論されていた時代をショーペンハウアーは生きていました。またショーペンハウアー自身もオランダとハンザ同盟都市という国際的な出自を持ち、フランスやイギリス、ドイツ各地を転々とするなかで複数の言語を学んだ人物でした。激動の時代にほうぼうから噴出する新しい思想の数々は、ショーペンハウアーの目には自分を含めて多くの人を押し流し苦しめる濁流として映ったに違いありません。

彼は、そんな新しい思想に拙速に飛びつくことを良しとせず、自分の頭で考えることを説いたのです。

現代のわたしたちはどうでしょうか。もう、ショーペンハウアー流の「自分の頭で考える」式の態度では、とうてい対処できない規模の情報の濁流がわたしたちを取り巻いています。ショーペンハウアーの『読書について』などの著作を読むと、だいぶ牧歌的だと思われるかもしれません。それでいいのです。ショーペンハウアーの時代の情報環境は、現在と比べたら実際に牧歌的だったのですから。

ショーペンハウアーは、まずは自分の頭で考えて、考えるのに疲れたら読書をすればいいと書きました。そのときに読むのは、誰もが古典だと認めるものがいいと書いています。バイヤールが「重要書」と呼んだような書物です。正反対の主張をしているようで、ふたりはどちらもヨーロッパの知識人。時代を超えて似たようなことを言っているのです。

リストアップとしての積読

なおアドラーも「グレートブックス」計画というプロジェクトで、約百冊の古典名著をリストアップする事業に取り組んでいました。しかしアドラーが「グレートブックス」としてリストアップした書物はアメリカ人であるアドラーにとっての古典にすぎません。現代に生きるわたしたちは、わたしたちなりのグレートブックス、わたしたちなりの「重要書」、わたしたちなりの「古典」を「リストアップ」する必要があるのです。

そして、物理的に書物をリストアップすることこそ、積読なのです。自分なりのテーマをひとまず決めて、とりあえずは書物をチェックする。気になった本の書名を検討リストに追加して、定期的に購入するかどうか、検討リストに残すかどうかを吟味する。この吟味の過程でアドラーが提示した点検読書が役に立つでしょう。

第一章で紹介した「記憶術」は、脳内に記憶したい事柄を秩序だてて保管することでした。現代のわたしたちには Google スプレッドシートのような、クラウドにリストを作れるサービスがあります。電子書籍ならばキンドルなどで気になった本のサンプルを収集するという方法もあります。アマゾンのカートや「ほしいものリスト」を活用してもいいでしょう。ウェブページやオンラインに公開されている論文などであれば、ブックマークを溜めていくことも「積読」だと言えます。

物理的なリストアップとしての積読、仮想的なリストアップとしてのインターネットの活用によって、現代のわたしたちはわたしたちなりの「重要書」や「古典」を構築することができるのです。

ただし注意が必要なのは、とにかく手当たり次第にリストアップをしても、それをケアできなくなってしまえば意味がないということです。積んだ本を忘れてしまうことはよくあることで、一度買った本を二度ならず三度、四度と買ってしまって、同じ本が本棚に何冊もある、ということはありがちなことです。積読について「しまったー」と後悔するときによく聞く話でもありますが、これは実はたいしたことではありません。

積読を管理できないということは、自分がいま何をテーマにしているのかを把握できなくなることです。テーマを決めるのは適当でいいし、適当に決めたテーマを、さらにまた適当に変化させるのもいいのですが「自分がいま何をテーマにしているのか」を見失うことだけは避けなければなりません。仮に過去に手に入れた書物をどんなテーマで選んだのかを見失ってしまっても、それも問題ではありません。むしろそれは自分の作った環境のなかで、新しいテーマでその書物と向き合う良い機会となりえます。しかしそのときに自分のいまのテーマが不明確だと、結局は情報の濁流に飲み込まれているのと同じこととなってしまうのです。

そのときどきの自分のテーマをはっきりさせることによって、バイヤールの言うような読書の不完全性は、単なる絶対的な不完全性から、相対的な不完全さへと意味を変えます。仮にほぼまったく読んでいない本であっても、そのテーマからの視点である程度は見解を述べられるようになるのです。そしてそのテーマを適宜、新しく設定しなおしていく過程で、自分が積んできた本を振り返り、また蔵書のケア（取捨選択）をすることによって、テーマは鍛えられ、積読環境はビオトープとして息づいていくことになるのです。

第三章

読書術は積読術でもある

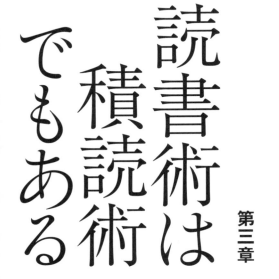

一冊の本はそれだけでひとつの積読である

もっと、おそく読む

最初に取り上げるのは一九一九年生まれの評論家、加藤周一の『読書術』(岩波現代文庫)です。もともとは一九六二年に光文社のカッパ・ブックスより『頭の回転をよくする読書術』という書名で発表された本で、当時ベストセラーになりました。アドラーの『本を読む本』やバイヤール『読んでいない本について』など「読書に関する書物」がベストセラーになったように、多くの書き手が手を替え品を替えて類書を発表するのは古今東西を問わないようです。それだけ、いつの時代も人々が情報の氾濫に悩まされているということなのでしょう。

ただし、加藤周一の『読書術』は、ビジネス書のような読みやすさや、すぐ使える

TIPSを期待すると肩透かしを喰らうような、とぼけた一冊です。硬い評論も書ける博覧強記の知識人であり、世界を股にかけて八面六臂の活躍をしていた加藤が「片手間に書いたごく軽いエッセイ集」というのが本書の実態でしょう。そう思って読めば、流れるような筆致、のらりくらりと軽快な随筆です。読書家にはオススメの一冊ではありますが、こう言ってしまってよければ、典型的な「読まなくてもいい本」でもあります。

しかし、本書で注目するべき点は、書物には「読むべきもの」と「読まないでいいものの」があること、そして「読むべき」書物には「はやく読む」べきものと「おそく読む」べきものがあるという二重の二分法を提示していることです。

加藤は、次のような「読書術」を開陳しています。番号は『読書術』の章構成を元にしていますが、段階的な序列はありません。

①おそく読む「精読術」
②はやく読む「速読術」
③本を読まない「読書術」
④外国語の本を読む「解読術」

⑤新聞・雑誌を読む「看破術」
⑥むずかしい本を読む「読破術」

ここでは前半三種類の読書術にのみ触れます。まず、③本を読まない「読書術」は、バイヤールの『読んでいない本について』とほぼ同じことです。加藤は「本を読まない方法」について、「本を読まない方法」は「本を読む方法」よりもはるかに大切であるとして、次のように書いています。

ここに百冊の本があるとして、そのなかの九十九冊を読まないですませるということ
（九八頁）

つまり読む本の選択が重要だと述べています。

①おそく読む「精読術」は、煎じつめるとアドラー『本を読む本』やショーペンハウアーの『読書について』と同様に「古典を読め」ということになります。ただ、アドラーやショーペンハウアーと異なるのは、古典を精読することで、その他の本を読む速度が上

がると書いていることです。
多くの書物は、先行する書物を参照しています。古典が古典であるのは「多くの書物に参照されている」ためなのでこれは当たり前なのですが、しかしまずは古典をじっくり読め、というのは続く速読の前提としては真っ当な指南だと言えます。
加藤は次のように書いています。

ある種類の本をおそく読むことが、ほかの種類の本をはやく読むための条件になります。また場合によっては、たくさんの本をはやく読むことが、おそく読まなければならない本を見つけだすために役立つこともあるでしょう。

（五九〜六〇頁）

もっと、はやく読む

続く②はやく読む「速読術」には、アドラーの『本を読む本』を彷彿とさせる技術が紹介されています。目次を読み、結論を読み、中身を飛ばし読みする。これは速読の基本と言っていいでしょう。また飛ばし読みする本を複数並行して読むべし、というのは実践しても良さそうです。

わたしが加藤の『読書術』でとりわけ注目したいのは、この「おそく読む」ことが「ほかの本をはやく読む」条件になる、「たくさんの本をはやく読む」ことが「おそく読む本」を見つけるために役立つ、ということです。

ときどき「息を吸うように読書をしている」とうそぶく人がいますが、それは睡眠をしたり愛を交わしたりするように、あるいは旅をするように本を読むということなのかもしれません。また、そのように本を読む際には「はやく読む」ことで多くの書物に目を通し、「おそく読む」本を選別することが求められるのです。

さて、では加藤の主張をさらにおしすすめてみるとどうなるでしょうか。「はやく読む」を「もっとはやく読む」に、「おそく読む」を「もっとおそく読む」へと誇張するのです。「読み飛ばし」は「飛ばし読み」になり、バイヤールの言う「未読」へと近づいていくでしょう。また「おそく読む」ことは、じっくり時間をかけて読むことですから、その本を手に取ってからいわゆる「読了」までの時間は無限に引き延ばされていくことになります。賢明な読者ならもうお気づきでしょうが、実は「はやく読む」も「おそく読む」も突きつめると積読とほぼ同じことになるのです。

加藤に倣うならばわたしたちは、「読む本」と「読まない本」を峻別し、さらに「読む本」も「はやく読む本」と「おそく読む本」とに峻別することになります。「はやく読む本」は、アドラーの言う「点検読書」で、バイヤールが「未読」に分類したように「ざっと読んだ」ことにして済まし、「おそく読む本」はアドラーの言う「分析読書」や「シントピカル読書」で向き合い、じっくり時間をかけて読むつもりで、永遠に完了しない「完全な読書」に向けて積んでしまいましょう。「読まない本」に分類した本については、実は「はやく読む」本とほぼ同じ扱いになります。なぜならば、「読まない」と判断するためにはアドラーの言うところの「点検読書」は多かれ少なかれ適用されているからです。第二章で勧めたように、気になる本をリストアップしてあれば、あとはそれらを「はやく読む本」と「おそく読む本」に分類するだけで加藤の『読書術』を実践することになるのです。

自分なりの古典をマッピングする

山口周の『外資系コンサルが教える 読書を仕事につなげる技術』（KADOKAWA、以下『仕事につなげる技術』）は、いかにもビジネス書という書名なので手に取ることをためらう読者も多いかもしれません。しかしビジネス書に興味のない人にとっても、読書や書物との付き合い方を考えるうえで興味深い一冊です。

『仕事につなげる技術』の内容は、ショーペンハウアーやアドラーのような古典的な読書術を踏まえ、さらに具体的に、文字通り「読書を仕事につなげる技術」を紹介しようとするもの。著者の山口は慶應義塾大学で哲学や美術史を学んだ異色のビジネスパーソンで、大学院を卒業してからは電通、外資系コンサル会社に進んだという経歴の持ち主です。

『仕事につなげる技術』では、書物一般を大きく「ビジネス書」と「教養書」に分けています。加藤が言う「はやく読む本」が「ビジネス書」に、「おそく読む本」が「教養書」にあたると考えるとわかりやすいでしょう。もっとも、山口は「ビジネス書」は「使える」期間、つまり旬の期間が短いのでさっさと読んで使える要素をEvernoteなどに書き出してしておけ、「教養書」はすぐに「使える」知識ではないから読書ノートなどにまとめていつか「使える」タイミングになるまで寝かせておけ、と主張しています。「仕事につなげる」ことを目的にしているので、そのための方法というわけです。

また山口は「ビジネス書マンダラ」なるビジネス書の古典を集約した図表も提示しています。この「ビジネス書マンダラ」は、ひとまず仕事の力を付けたくて多読を目指す読者には指南書としてとても便利でしょう。教養書についてもマンダラを載せてほしかったところですが、それは各専門家に任せる、というスタンスだと思われます。あるいは『武器になる哲学』（KADOKAWA）といった山口の他の書籍をあたってくれということなのかもしれません。

山口は、ビジネス書はマンダラにある古典をじっくりと読み、新刊本は読む必要はない、と断言しています。これは加藤の「まずは古典をじっくり読め」というアドバイスとまったく同じです。単なる乱読、多読では「仕事」には繋がらない、というのが山口の読書と仕事についての持論なのでしょう。

『仕事につなげる技術』で繰り返し語られるのは「読んだ内容は忘れる」ということです。どうせ忘れるのだから、本は繰り返し読むという前提で向き合い、あらためて読んだときに見るべきところに目が行きやすいように書き込みをする。アドラーも本を繰り返し読むことを推奨していましたが、山口の場合は、ビジネス書は本そのものに書き込みをし、教養書は読書ノートをつけなさいと書いています。書き込みや読書ノートのとり方はアドラーも「方法」を提示しているので、書き込むタイプの読書をしたい人は読み比べて自分なりの「方法」を模索してみるといいでしょう。

ビジネス書は仕事に関連していて「すぐに使える」のに対して、教養書は「寝かせる時間が必要になる」、すなわちどのような場面で読み返す必要に迫られるかがあらかじめわからない。読書ノートは何を使ってもいいが、山口は具体例としてメールやEvernoteを活用する方法を挙げています。加藤の言う「おそく読む本」です。

さて、加藤の『読書術』と比べるとだいぶ具体的な指南書であり、ビジネスパーソンたらんという人には具体的ですぐにでも活用できそうな『仕事につなげる技術』ですが、これはあくまでも読書を「仕事につなげる」方法を知りたい人のための方法です。ビジネスパーソンとして本を読みたいわけではない人はこの本をどう読めばいいのでしょうか。

ひとつには、山口が挙げている「ビジネス書マンダラ」のアイデアを活用することが挙げられます。要するに古典のマッピングです。情報が溢れかえる現代、何が古典で何が古典でないかは、実は簡単に調べることができます。インターネットがなかった時代のショーペンハウアーですら、古典とは「誰もが知っている」と書いていました。何が古典なのか、自分で知っているという自信を持てない人は、まずはおいおい更新する前提で、自分なりの「古典マップ」を作ってみるといいでしょう。

その際には義務教育の教科書が役に立ちます。当時の教科書が手元に残っていないという人には、最近は「学び直し」が流行なので、その手の本を求めるという手もあります。また古典とは、多くの文献が参照している書物のことですから、読みたいと思っている本の参考文献や註を見て、そこに挙がっている書物をリストアップして「積む」というのはどうでしょう。ほら、積読が捗りますよ。

そして、これはぜひ採用してほしいのが、山口が「読書ノートのとり方」として提示しているメールやEvernoteの活用です。山口は、教養書が提示している「使えそう」な部分を「寝かせる」ために自分宛にメールで送ったり、Evernoteなどのクラウドサービスに蓄積する方法を提案しています。しかしこれは何も「教養書」の読書ノートにだけ使えるものではありません。読みたいと思った本、積みたいと思った本の書名をリストにする前に、その素材として書名を自分宛にメールしたり、クラウドサービスに蓄積してもいいのです。なお、わたしは友人とＬＩＮＥグループを作ってチェックした本を共有したり、Google

スプレッドシートにリストを作るなどして、未購入の本の「積読」リストを作っています。オフラインに書き出しておくのがライフスタイルに合っている人もいるでしょうが、わたしは紙に書いたものをなくしやすい性格で、ＬＩＮＥやグーグルのクラウドサービスが登場する前は、書いたものがすぐ散逸してしまって困ったものでした。良い時代になったものです。

いろんなサービスが現れては消え、それぞれのサービスにいろいろなアカウントを作ってしまって、結局何をどこに書いたのかわからなくなってしまうという問題はあるのですが、そうなってくるとあらためて紙に書いたものが束ねられて背表紙まで付いて存在してくれる紙の本のありがたみを感じたりもします。そう考えると、専門書の多くはそれ自体、ひとつのパッケージされた「古典のマッピング」集としても見えてきます。一冊の本は、それだけですでに積読のひとつの山なのです。

読めなくていいし、読まなくてもいい

タイミングがくるまで「積む」

山口は『仕事につなげる技術』で繰り返し、読書ノートの作成は情報の「いけす」を作ることだと書いています。山口はビジネス書の書き手らしく、仕事や実生活に「活かす」ことを目指しています。しかし、書物とは「何かに活かす」ためのものなのでしょうか。単なる楽しみのために書物を求める人もいるでしょうが、いわゆる実用でもなければ、単なる楽しみのためでもない書物との付き合い方があるのではないか、というのがおそらく重要な問題です。

山口は料理人にとって食材をプールする場所としての「いけす」を提唱しますが、そもそも人と情報との付き合い方と、人間と料理の向き合い方とは単純な対応関係にはありません。人は、自分自身や自分以外のすべて、いわゆる世界や自然、社会と向き合うときに、互いを隔てているものを超えてふれあうための橋渡しとして、あるいはその向こうに対象が待っている壁や扉として、もしくはその対象そのものとして、書物に向き合うことがあります。

書物はときとして、そこから何かを抽出して操作することが非常に難しい、扱いづらい生き物や化け物のような存在感をはなつことがあります。それは書物を神秘化しすぎだと思われるかもしれません。しかし書物はそもそもわたしたちに対して「いますぐ読め」と迫ってくるものだったことを思えば、特に神秘化せずとも十分に煩わしい存在なのです。

一九七〇年生まれの山口とほぼ同世代、一九六八年生まれの批評家の若松英輔はその名も『本を読めなくなった人のための読書論』（亜紀書房、以下『読書論』）という本を書いています。読書家や愛書家であっても、大好きなはずの読書ができなくなる、ということがあります。本を読むためには通常、机に座って上半身をやや前傾させ、一定時間同じ姿勢で紙面を睨む時間を過ごす必要があります。このことの「しんどさ」を知っている人は、読書量を問わずなかなかの読書家であると言っていいでしょう。書物と付き合う際の身体の負担。その負担の味わいは人生の妙味のひとつだとわたしは考えています。

身体の話はさておき、若松が『読書論』で語りかけるのは、わたしが「情報の濁流」と呼んでいるものに倦んでしまい、情報の断捨離、言葉の断食をしたくなってしまった人たちです。『本で床は抜けるのか』の内澤旬子を思い出す話ですが、本の断捨離として蔵書を切り崩すように売り始めた内澤とは違い、若松が想定するのはただ「読めなくなってしまった」人たちです。

本を読みたいはずなのに、本を手に取る気がしない、手に取った本を開く気がしない、開いた本の文面に目を走らせる気にならない、紙面を目がなぞる言葉が頭に入ってこない、など「本を読めない」状態にはさまざまあります。若松は情報の濁流に巻き込まれた人たちが「言葉の断食をしている」と表現し、そんな人たちのために『読書論』を書いているのです。

若松は、しかし、実はアドラーやショーペンハウアー、加藤や山口と共通する「読書術」も提示します。それは断食からのリハビリのために、やはり「本を選べ」という部分です。それも、多くの人が読み継いできた古典を、と勧めています。もっとも、アドラーや山口たちとは違い、若松は読書の目的を明示しません。ただ読書したい、それでもできない人のために、それでも読みたいのなら、とやさしく語りかけるのです。

なお積読を勧めるわたしとしては、読みたいのならば読めばいいけれど、そもそも読まずに積んでもいい、なんなら積んだだけで読んだと言ってもいい、というスタンスです。若松はなにしろ「読書をしたい」人向けに本を書いているので、あからさまに「積め」とは書いていません。しかし、たとえば若松自身のこととして、十何年もかけて一冊を読み続け、最後まで読まずにおいておくことがある、とも書いています。

山口は、教養書はいつ役に立つかわからない、役立てるのにはタイミングがある、と書いていました。若松は本を読むことにそもそもタイミングがある、と書いています。本を活用するのにも、それを読むのにもタイミングがある。もしもそのタイミングが、その本の所有者にとって生涯のうちに一度も訪れないということがあれば、その本は積読されたことになるでしょう。その本の、「いまあなたに読んでほしい」という語りかけが、その読者には届かなかった。それを死蔵と呼ぶ人もいるかもしれません。

でも、書物とは、多くの人に忘れられている性質かもしれませんが、何年も、何十年も、何百年、何千年と「読み継がれる」ことがあるものです。せいぜい百年かそこらで肉体を維持できなくなる人間とは異なり、書かれたことは時間を超えることができるのです。

『仕事につなげる技術』は、あくまでビジネス書であり、実用面が重視されているので一生のあいだ読まずに積むということはまったく想定されていません。また評論家になる前には医者であった加藤にとっても、書物とは生涯をともに過ごすものではあってもそれ以上のものではなかったかもしれません。

現世利益的な書物観と言ってしまうと、そうではない書物観がどこか宗教めいて思われるかもしれませんが、どちらかと言うと話は逆なのではないでしょうか。キリスト教の聖典であり、その起源であるユダヤ教、そしてそのユダヤ教から生まれたイスラム教にとっても聖典である、いわゆる「聖書」は英語ではthe Bibleと言います。Bibleとはもともとはbookと同じ言葉で、要するに「書物」のことです。図書館や書庫、蔵書を意味するフランス語のbibliothèqueにも、この「本」という意味の「biblio」が残っています。世界の多くの宗教には聖書のような聖典を持つものが多く、宗教における書物の重要性がこのことからもよくわかるでしょう。

そもそも文字通り、文化や文明は、もう書物の要素である「文字」なくしてはありえません。人の生きる意味、死ぬ意味についての先人の知恵は書物のかたちで保存されることによって時代を超えて語り継がれてきたのです。

宗教に頼らないでも生きていけるという人もまたたくさんいますが、そんな人のなかにも座右の銘、座右の書があり、繰り返し思い出したり、読み返したりする言葉や書物がある場合が少なくありません。何を信じ、どのように生きるかは十人十色、千差万別でしょうが、そこで書物の果たす役割は決して軽いものではないのです。

2:8の法則

なるほど書物には重要な意味があると認めることはできても、書かれている以上は、それを読まなければ意味がない、と思われるかもしれません。書かれているものが読まれなければ意味がない、というのは一見すると当然のことのように思われるでしょうが、しかしたとえば図書館の膨大な蔵書のうち実際に「読まれる」ものはどれくらいあるでしょうか。

山口は『仕事につなげる技術』で、経済学者パレートの提示した有名な「パレートの法則」、いわゆる「2:8の法則」を紹介しています。

パレートの法則とは、たとえばアリの集団のなかで全体の二割の働きアリが、残りの八割のアリたちを養っているというような例で紹介されることの多い「法則」です。これはどのように「全体」を評価し、また何をもって二割、八割を分けるのか、という解釈次第でどんなものにも使えるフレームであって、そのまま真に受けてもあまり意味のあるものではありません。真に万能の法則なのであれば、どんな品揃えの書店にも二割は読む価値のある本があるというような話になってしまいますので、もちろんこれは詭弁なのです。

しかしこの「法則」を真に受けるのではなく、具体的に精査するのが難しい大量の対象の内容を考察するための単なる「目安」として使うならばどうでしょうか。たとえば書物について、ある図書館の蔵書のうち読まれている資料が二割、読まれていない資料が八割となっている可能性があります。

わたしが繰り返し主張しているとおり、現代は情報の濁流が勢いを増している時代です。年間数万点、世界的に見ればその何十倍、歴史的に見ればまさに天文学的な数の書物が生み出されてきたなかで、二割もの書物が重要だということにどんな意味があるでしょうか。それを検証することすら、いち個人にはとうていかなうことではありません。

それでもこれまで人類は、いくつもの重要書を生み出してきました。現在、世界に存在する書物全体のなかの一割もあるかどうかわからない、その重要書が、はたしてあなたの蔵書のなかに何冊みつかるでしょう。もしそのうちの一冊でもあなたの本棚に眠っているのであれば、それを後世に遺すことができたなら、それは人類史のなかで連綿と受け継がれてきた文化的な営みなのです。

現代は大量生産、大量消費の時代です。古書店が機能しているとはいえ、価値を知らない遺族によって故人の蔵書が遺産として継承されることなく、単なる紙の束として処分されることも珍しくありません。何を読むべきかを悩んだり、買った本を読めないという悩みはあくまでも個人的なものですが、良書を手に入れてもそれを後世に継承できないということももっと悩まれていいことではないかと思うのです。

話が大きくなりすぎました。自分の目の前の本を読むかどうかという問いは、個人的な時間のなかではそれなりに重要な悩みかもしれませんが、しかし書物のほうからすれば、別の時代の誰かが読んでくれればいいのです。あなたにとってその本を読むタイミングが来なくても、その書物がいつか誰かに読まれるならば、そのタイミングまで本を待たせてもいい。それが積読の基本的な考え方になります。だからこそ、情報の濁流のなかでビオトープを作り情報のカオスへと蔵書が拡散してしまわないように守る必要があるのです。

途中で読むのをやめる

「読書について」という小文で、批評家の小林秀雄は次のように書いています。

濫読の害という事が言われるが、こんなに本の出る世の中で、濫読しないのは低脳児であろう。濫読による浅薄な知識の堆積というものは、濫読したいという向う見ずな欲望に燃えている限り、人に害を与える様な力はない。濫読欲も失って了《しま》った人が、濫読の害など云々するのもおかしな事だ。それに、僕の経験によると、本が多過ぎて困るとこぼす学生は、大概本を中途で止《や》める癖がある。濫読さえしていない。

(『読書について』中央公論新社、一〇頁)

この文章の初出は一九三九年。ショーペンハウアーの時代も「本が多すぎる」ことが問題にされていましたし、多読の害が論じられていましたが、二十世紀前半の日本でも同様の課題がありました。記憶術について触れたときにも書きましたが、要するに人類はずっと、自分が処理しきることのできない量の情報にさらされ続けてきたということです。

もちろん、いつの時代もその時代に生きる読者たちのキャパシティを超える量の情報があり、しかも情報量が過多な状況にもかかわらず、常に情報の生産量や流通量は拡大し続けているのです。

小林は「こんなに本の出る世の中で、濫読しないのは低脳児であろう」と書いています。「こんなに本の出る世の中で」と書いていますが、小林がそう書いた時代から現代にいたるまでの数十年で「本の出る」速度はさらに加速しています。小林が「低脳児」と書いた意味をどう取るにせよ、現代の情報の濁流を前にして、濫読しようとしない人は、小林にとってはさらなる低脳ということになるのかもしれません。知的な能力がなんらかの基準にてらして「低い」とされる児童が「低脳児」と侮蔑されるのは現代でもかわりません。とうてい褒められた傾向ではありませんが、何かしらの基準を設定して誰かを侮辱し、自分たちはそうではないと誇る暗い感性は現代にもまだ残っています。そのような傾向にわたしは強い抵抗を感じています。本を読む人は知的に優越しているとされ、本を積むばかりで読まない人たちを見下す――そんな傾向に対抗するための積読の方法があるのではないか、それを模索するのが本書の目論見のひとつです。

なお、さきに触れた若松英輔は、小林秀雄の思想を読み解き、繰り返し論じてきた批評家です。そのままの『小林秀雄 美しい花』（文藝春秋）という本も書いています。「濫読をしないものは低脳」と言い捨てた小林を、「読めないときは読まなくていい」と書いた若松が論じてきたわけです。

ところで、小林は「濫読の害」について述べたあとで「本が多過ぎて困る」とこぼす学生は大概「本を中途で止める」癖がある、と書いています。若松は『読書論』で、読書を途中で止めてもいいと書いています。バイヤール『読んでいない本について』でも同様です。山口の『仕事につなげる技術』ですら、つまみ読みをしてピンとこなかったら読み続けないほうがいい、と書いています。自分で考えることを最重要視し、他人の本を読むことなど「他人の頭で考えてもらう」だけだと喝破するショーペンハウアーにいたっては「それがどうした」ということになるでしょう。

アドラーの『本を読む本』の読書の方法の分類によれば、途中で本を読むのを止めることはしいて言えば「点検読書」に含まれるものでしょう。大量の本が出回っているときに、たまたま読もうと思った本が自分が「いま」読むに適したものなのかを判別する、これは現代においてはむしろ推奨されるべき読書の方法なのです。

小林は引用した箇所に続けて、作家や哲学者の全集を読むことを勧めています。代表作や傑作と言われるものだけではなく、あまり有名ではない作品、失敗作と言われるような作品に触れることで、書き手たちがどのような人となりであったのかを知ることができる、小林はそう述べています。それだけではなく、そのようにして書き手たちに出会うなかで、読者は自分自身をも見つけていく、この自分を見つけるということこそ小林が読書において重視することなのです。

小林は濫読を勧め、そのなかで書き手たちの人となりを見つける読者自身の姿を読者が見つける、その過程を読書の意義だとしました。これは「読めないときは読まないでいい」とする若松にも通じるものです。

そしてこの小林と若松の読書観は「読書とは、他人が書いたものをなぞることで、他人の頭で考える」ことにすぎないと言い切ったショーペンハウアーの認識にも近い部分があります。一般に、読書は個人的なことでしかないとか、書き手と読者との対話だとか言われますが、実際に生じるのは書き手の言葉を読者が取り逃し、読者が一体化することのできない書き手が書物の向こうに現れ、決して書き手と読者とが同一化できないという体験です。どんなに本を読んでも、書き手の気持ちがわかる、というようなことはありません。読書が調子よく捗り、あるいは書き手がとてもうまい書き手だった場合には、「書き手の気持ちがわかる」「ような気がする」ことはあるかもしれません。いや、そういう「気がする」ことは実際には頻繁に起こります。

しかし、それはあくまで「そのような気がする」だけです。なにしろ、少し考えればわかることですが、「書き手の気持ち」を読者が「わかる」という現象を証明する方法がないのですから。「書き手の気持ちがわかった」と思ったときほど、読者はむしろそれを証明する方法がないことを思い知らされるのです。

だから、『読んでいない本について』でバイヤールが推奨するように、ある本について語るときには、自分なりの勝手な解釈を語ることができるのです。そうすることが「できる」というよりも、むしろ「そうすることしかできない」というほうが正確でしょう。ある書物について語るときには、その本を読んでいても読んでいなくても、その人自身の勝手な解釈で話すしかないということにかわりはないのです。

完全な読書が不可能である以上、濫読であろうと積読であろうと、結局は読者あるいは本を積む人は、手にした書物について独自のスタンスを貫くことしかできません。

山口の『仕事につなげる技術』の冒頭には、小林の「読書について」から、「これはと思う書物に執着して、読み方の工夫をする方が賢明だろう」という一文が引用されています。山口はあくまでビジネスのために「読み方を工夫」することを提示しているのですが、小林はそもそも「読者自身」を発見するために「これはと思う書物」に執着して読み込むことを勧めていたのです。もっとも、山口も「ビジネスパーソン」として労働市場を生き抜くための「自分」なりの強みを作るということを推奨しているので、漠然と人生における「自分」なるものを追求しようとする小林と、「自分」を置く場面が違うだけで結局は同じことを言っているのかもしれません。

本を読まない技術

「読まなくてもいい」本は「積んだほうがいい」

作家の橘玲は『「読まなくてもいい」本の読書案内』（ちくま文庫、以下『読まなくてもいい本』）で、哲学から心理学、経済学について新旧の名著を引き合いに出しつつ、それぞれの分野でどのような問題が提起され、それが何によって更新されてきたのかを紹介しています。刺激的な書名にある「読まなくてもいい本」というのは、かつてセンセーショナルに受け止められ多くの読者を得ながらも、最新の学説からすると無用になってしまった本たちのことです。

しかし橘が「読まなくてもいい」と切って捨てているかに見える書物たちは、実は本書で「読まなくてもいい」とわざわざ言われている、その理由のために実は「積んだほうがいい本」でもあります。最新の理論によって「乗り越えられた」と思われているものは、その「最新の理論」が流行しているあいだはたしかに「読まないでいい」かもしれません。それこそ「タイミング」が違うからです。

もっとも、その「最新の理論」に関する専門家の場合は、「過去のもの」とされた書物には、見落とされた可能性の萌芽が隠されている可能性があるので積極的に「読んだ」ほうがいいのですが、それは特殊なケースなのでいったん横に置いておきましょう。専門家にとってではなくとも、「最新の理論」はやがて廃れる可能性があります。そのときに、落ち目になっていた過去の理論が再発見されることがあります。

たとえば橘は二十世紀の後半に日本でも大きなブームになったジル・ドゥルーズとフェリックス・ガタリによる『アンチ・オイディプス』『千のプラトー』（ともに河出文庫）などの著作を取り上げて、刊行当時は線を引きながら頑張って読んだが結局のところはチンプンカンプンだったと述懐しています。

これに対して、ドゥルーズとガタリの論じていたことを別の方法で研究したブノワ・マンデルブロのフラクタル理論や、フラクタル理論と同時期に研究されたジェイムズ・グリックやミッチェル・M・ワールドロップのカオス理論や複雑系理論を紹介しつつ、こちらを読めばドゥルーズとガタリの本は「読まなくてもいい」としています。（もっとも橘は、ドゥルーズとガタリの文章を「カッコいい」と評価しているし、フラクタル理論やカオス理論のような単なる科学的な理論ではない「現実（リアル）」であることに「気づいていた」とわざわざ書き加えており、他の「読まなくてもいい本」と比べると比較的「読んでもいい」本に近い扱いをしてもいるのですが。）

他にも、二十世紀現代思想と、同時期の理系分野のあいだではアラン・ソーカルという人物が『「知」の欺瞞』（岩波現代文庫）で巻き起こしたサイエンス・ウォーズという事件がありました。これは現代思想の学術論文が掲載される雑誌に、物理学者であるソーカルがでたらめな数式や用語を満載にして書いた論文を送り、それが査読をとおって掲載されてしまったという事件です。二十世紀現代思想には、ドゥルーズやガタリの他に、ふたりに強い影響を与えた精神分析の理論家ジャック・ラカン、ミシェル・フーコーといった書き手がいますが、彼らの論文に使われる数式が「でたらめ」であるとソーカルは告発したのです。

ソーカルによれば、二十世紀現代思想の書き手たちは数式を乱用することによって数学的厳密さを装い、その権威を借りることで自説を粉飾したということになります。この告発によって二十世紀現代思想ブームは急速に冷え込んでしまいました。批判された側がまともに相手にしなかったのにもかかわらず、読者の多くの支持が離れていったのです。

批判を受けた側の言い分としては、彼らの理論に使われた数式は独自の用法にのっとったものであり、理系の厳密な用法と異なっていても問題はないということになるのですが、少なくともソーカルが指摘したとおり、読者の側はその数式に権威めいたものを感じており、ソーカルが明らかにしたようにその数式が「でたらめ」であったと知るや手のひらを返したわけです。

ドゥルーズとガタリが代表する二十世紀のフランス現代思想の流行に対して、いわゆる現代の理系の研究結果を対抗馬にして後者があるから前者を「読まなくてもいい」とする橘のスタンスは、言わんとしていることはわかるものの、それぞれの書き手の文脈を無視して、結果の整合性のみに着目した、やや味気ないものではあります。

それでも、『読まなくてもいい本』での紹介を斜め読みしておくと、バイヤールの『読んでいない本について』式の、知ったかぶりのおしゃべりでひとつの立場を守れるという意味では有用な本ではあります。

また、二十世紀現代思想を読んできたけれど同時代の理系の研究には疎いという人、逆に二十世紀の理系の文脈はわかるけど文系のほうでどのような流行があったのかを知らない、という人たちにはどちらの側にも参考になる、橋渡しのような役割をする本でもあります。

「読まなくてもいい」本は忘れられるべきか

しかし、進化人類学や功利主義といった現在の主流になりつつある学説を橘は紹介していますが、その登場によって「読まなくてもいい本」にしてしまった過去の研究ははたして本当に単なるトンデモだったのでしょうか。

何を読むべきかを選ぶ、というのは、情報の濁流の中では不可欠な態度ではあります。しかしたとえば橘が「読まなくてもいい」とした書物たちを単に忘却してしまうだけでいいのでしょうか。

読むかどうかはさておき、どのような本がいつどこで流行していたのかを知るというのは重要なことです。バイヤールの言う「共有図書館」のように、ある時代の、ある社会集団を知ること。これなくしては、その時代にそれがなぜ書かれたのか、それがどのように、誰によって読まれたのか、そして誰によって保存され、また発掘されたのかを知ることができないからです。

小林は、ある書物や書き手に執着することでその時代や背景を掴もうとしました。その反面、小林は時代や社会から作家を捉えようとすることには批判的でした。ショーペンハウアーは、いつの時代も天才たちはひとつの問題を論じてきたのであって、目先の金欲しさに雑多なことを書き散らす人々の書いたものに時間を使うべきではないと論じていました。

小林もショーペンハウアーも、ひととおりの量の読書を前提として、それらの主張をしているのです。小林やショーペンハウアーの生きた時代よりもはるかに多くの書物に取り巻かれているわたしたちは、どのようにして執着するべき書物や作家、天才たちが論じてきた重要なテーマに到達しうるのでしょうか。

もはや濫読も古典も、情報の濁流によって押し流されている、というのがわたしの主張です。読書術の前に、積読術こそが必要なのです。すでに書いたとおり、読書術は積読術の一部だからです。知識欲に駆り立てられてなんでも手を出して読む濫読はたしかに無駄なことではないでしょうが、濫読しようとして情報の濁流にやみくもに手を出せば、そのまま流されるだけになることは目に見えています。また、古典だけでも人生を何度も費やせるほどの量が、現代のわたしたちの前には積み重なっています。どの古典から手を出すべきなのか、迷った経験のある人も多いでしょう。「古典をちゃんと読め」というのは、ある程度の濫読、多読を経験した人だけが後出しで言えることでしかないのです。

バイヤールにしたがうなら、そもそもすべての書物は「読まなくてもいい本」ということになります。「読んだほうがいい本」としての最新の理論書も、読み継がれてきた名著も、ひとしなみに「読まなくてもいい」。しかしそれでは情報の濁流に押し流されてしまうのです。だからといってどの本が「読んだほうがいい」のか、どれが「古典」なのか、あるいは小林のように誰かひとりの作家に絞るとして、誰に執着するのがいいのか、それを決められないという困難があります。小林の勧めるように濫読をしてみるのはひとつの現実的な態度ではあります。わたしはその濫読の前に、やはり積読をするべきだと考えています。もういちどバイヤールを振り返るなら「堂々と語る」だけではなく、「堂々と積む」ことが必要なのです。すべての書物は「読まなくてもいい」。しかし「積む」べきなのです。

そもそも本は読まなくてもいいか

齋藤孝『読書力』（岩波新書）は、人格形成のために、そしてより良い社会を作っていくために、本を読むことを勧めている本です。

ゆえに、齋藤は「本など読まなくてもいい」という人には怒りを感じると書いています。齋藤の言いたいこともわからなくはないのですが、しかしなんでもかんでも読めばいいということではありません。齋藤の本は「読書力」と題されていますが、何よりもまずは積読の力が求められているということに齋藤は気がついていないかのようです。世界はもうすでに積読の山であり、それは土石流のように濁流となってわたしたちを取り巻き、わたしたちを押し流しています。齋藤の言う「読書力」は、その流れに乗っていっしょに流れていくことを推奨してしまう危険性があります。わたしたちはすでに押し流されているのです。書物はそもそも「いま、あなたに読まれたい」という期待を帯びて、人の前に現れます。本を読むことが、仮に人格の形成を阻害し、社会に有害であるような場合、それでも人は本を読むでしょう。また、より良い人格を形成するために本を読むだとか、より良い社会を作るために本を読むというような人は、実は齋藤の本を読む前からすでに本を読む気持ちになっている人なのです。

情報の濁流の時代、人はむしろ何をどう読むべきかを悩んでいるのであって、本を読むべきかについては悩んでいない、というのが本当のところではないでしょうか。つまるところ、齋藤の提示する「読書力」は、実際に本を読むときに活用できるものではありますが、なぜ多くの人が書物を読みたくないのかということについて理解が浅いのです。

本は、目の前にあれば読めるものです。読みづらい本、読み続ける気にならない本というものはいくらでもあります。いわゆる読書術は、そのような本をどのように読むべきかを手引きするものです。山口の『仕事につなげる技術』であれば、つまみ読みして読む気が起きなければ他の本を手に取れ、と書いています。若松の『読書論』であれば、本を手にとっても読む気が起きないのならば読まなくてもいい、いつか読みたくなる本に出会えると書いています。

小林は「読書について」で、手当たり次第に読めばいいが、ひとりの作家の全集や、ひとつの書物をしつこく読むのがいいと書いています。小林は、読みたくない本について読もうとする、ということについては特に書いていません。加藤の『読書術』では、百冊を前にして九十九冊は読まずに済ませてしまえと書いています。

ショーペンハウアーは、まずは自分で考えて、疲れたときに他の人の考えを参照する程度にしろと書いてます。実はこのショーペンハウアーの態度がいちばん現代的なような気がします。そして齋藤が怒りを表明する、「本を読まないで良い」とうそぶく人々は、自覚してか無自覚かはさておき、ショーペンハウアーの反権威主義の影響下にあると考えてほぼ間違いありません。バイヤールにいたっては、本を完全に読むなんてことは不可能なのだから、読み飛ばしでいい、と言い切ります。アドラーはひとまず読む時間をかけるに値する本かどうかを点検読書で検討したら？　と提案します。

そう、ほとんどの本は読まないでいいのです。バイヤールによれば、すべての本は「読めない」のです。どんなに頑張っても一冊の本すらほとんど読めないのです。小林が一冊に執着しろと説くのは、完全なる読書は不可能なのだから、好きなだけ咀嚼したらいい、ということです。若松が「読めないときは読まないでいい」というのは、読めるときに読もうとしても、結局は完全には読めないからです。

とはいえ、『読書力』には積読術として採用できる部分がないわけでもありません。「ためらう＝溜めること」と題された節で齋藤は、多くの書物を併読することによって特定の書物や特定の著者の考え方やものの見方に染まってしまうことを批判しています。

本を読んでいるときに、書かれていること、著者の主張に読者が違和感を覚えたときに、それを無批判に受けいれるのではなく、「ためらう」こと、その違和感を「溜め」て、自分なりの考えを育てていくことが肝要だと齋藤は述べるのです。齋藤は、この「ためらう＝溜めること」が、次々と別の本を読もうとする原動力になると言います。わたしが齋藤の『読書力』について書いておきたいのは、この「別の本を読もうとする原動力」を単に「読む」ためにではなく、「積む」ための原動力にしてほしいということです。

積読のさらなるさまざまな顔

投資としての積読、チケットとしての積読

では、どうせ読めないのだから、すべて諦めて放り出せばいいのでしょうか。それはうしろめたい。なぜなら本のほうから「読め」「いま読め」「あなたが読め」と迫ってくるからです。

しかし迫られるままに手を出してしまっては、結局は他律的な情報の濁流に飲まれて流されてしまうのがオチです。迫りくる書物たちから身を躱《かわ》し、情報の濁流から逃げて溜めておくということが必要になります。

山口は書物から得られる情報を投資にたとえています。読書にかけた時間がビジネスで使えるようになれば書物の値段の何倍ものリターンになって返ってくるということです。

しかしそもそも、書物そのものが、読書の時間を閉じ込めたひとつの資産なのです。不動産の投資は、地面や部屋などの空間に対する投資ですが、書物を蓄えるのは時間への投資なのです。そして書物にかけた投資は、山口の言うようなビジネス的なリターンに限らず、それを読む楽しみや、バイヤールが描いた社交の場面でも役に立つものです。

読者の皆さんにも経験があることだろうと思いますが、ある書物について話題にしたときに「まだ読んでいない」「読まなきゃとは思っている」といった返事をする人に会ったことはありませんか。皆さん自身がこのようなことを言った経験があるかもしれません。

積読を奨励するわたしとしては、これらを言えるというのはそれだけで及第点にあたります。書物は、束ねられてはいるものの「何かを印刷した紙」という点で、イベントやパーティ、旅で乗る電車や飛行機、船やバスなどのチケットと同じものです。映画や演劇のチケットとも同じかもしれません。イベントやパーティに参加したり、旅を楽しむために、チケットに印刷されている詳細を確認する必要はありません。芸能人が書いた本や、世間を騒がせた事件についての本が、ほとんど読まれないままに大量に市場に出回り、買われていくのが、わたしには不思議でならなかったのですが、それらの本が、その芸能人や事件について語るためのチケットとして機能しているのだとしたらどうでしょう。

どこかの国に行きたいというときに、その国や土地について書かれた本を買い込む人がいます。それは別に読んでもいいし、読まないでもいい。それはその国に行くためのチケットであり、その国に行きたい人たちと話すためのチケットになるのです。

これは、ある種の思想や物語についても同様の機能を持っています。それが人格形成であれ、自分の国の政治や国際情勢であれ、自分が語りたいことについて誰かが語らっている場に参加するためのチケットになるのです。

音楽的積読と絵画的積読

地球科学（地学）を専門とする理系研究者である鎌田浩毅の『理科系の読書術』（中公新書）は、読書を「音楽的読書」と「絵画的読書」に分けています。特に意識しないと、人は（特に学生や初学者は）最初から最後まで単線的に読む「音楽的読書」をしてしまうが、それでは読書の楽しさや豊かさを十分に堪能することができないため、展覧会で気になる絵だけを選んで眺めるような「絵画的読書」をしなさいと言います。

もっとも、音楽がいわゆる時間芸術と言われて最初から最後まで通して聴かれなければならないという認識は西洋クラシック的なごく限られた考え方ですし、展覧会の絵画もその絵をコレクションしたり展示の企画や配置を考えたりしたキュレーターの立場からすればできれば最初から「流れ」を踏まえて鑑賞してほしいと思うでしょうから、「音楽的読書から絵画的読書へ」という読書論については同意できるところとできないところがあります。しかし積読について考える場合、音楽と絵画の比喩はやはり示唆に富んでいます。

まず情報の濁流について考える際に、音楽のたとえはとてもわかりやすいものになります。大音量でさまざまな楽曲がなりひびき、どれがどれなのかわからない状態。ただ耳をつんざく轟音がその場の全体に反響し飽和している状態。それが情報の濁流のイメージです。そこに心地よいBGMを流せる空間を作ること、それが自律的積読環境＝ビオトープ的積読環境を構築するということです。同じBGMばかり聴いていては飽きてしまうでしょうから、適当なプレイリストを作り、それも適宜更新していく、そんなイメージです。

絵画的な積読についても、情報の濁流とビオトープとで対比ができます。自分の視界に多種多様な絵画が置かれていて、それぞれの関係がわからない。ひとつひとつの絵画に意味がありそうだけれど、その意味を掘り下げる間もなく、作品がどんどん差し替えられていく、そんな状態が情報の濁流の絵画的積読です。自分が鑑賞したい作品を選んで、自分の好みで並べてみる。自分のコレクションを作り、音楽的積読と同じように、飽きないようにコレクションの内容を適宜新陳代謝させる、それがビオトープ的な絵画的積読ということになるでしょう。

そもそもすでに書いたとおり、アドラーが書いたような読書法は学問の場では学生に普通に指導されるべきものなので、大学教授が学生向けに書いたまともな読書指南本では、鎌田が言うところの「音楽的読書」つまりアドラーが言うところの「初級読書」を離れて、鎌田が言うところの「絵画的読書」すなわちアドラーが言うところの「点検読書」を勧めるのはほぼ定石と言っていい展開です。

医学と地学で専門の領域は異なるものの、同じ理科系を専攻していた加藤周一も書いていたように、鎌田も「読めば読むほど読書は速くなる」と書いています。目を速く動かしてとにかく速く読むという力技の「速読」とは異なり、多読者の読書のスピードが速いのには理由があります。というのも、だいたいの書物はそれ単独で存在しているわけではなく、学術論文などでは「先行研究」と呼ばれるような、関連する他の文献がある場合がほとんどなのです。

したがって、その文献を読んでいる人にとっては、新しく手に取った書物の内容を把握するには、先行研究との「差分」を見極めればいいということになります。もちろん、どこからどこまでが先行研究と重複していて、どこからが「差分」になるのかということはだいたいの場合あまり明確ではありません。それでも、多くの本を読んでいる人は、どこが「差分」なのかを見つけ出すカンのようなものが育まれているので、初学者よりも速く読めるのです。ある分野の専門家がその分野の専門書を読む速度をまのあたりにして初学者が、感銘を受けるということがあります。しかし専門家が専門書に目を通すのは名人芸でもなんでもありません。見た目でわかる速度よりも、いかに深く読めているか、どう面白がれるかのほうがはるかに重要です。

書店や図書館も「積読」

小飼弾『本を遊ぶ』（朝日文庫）は、少年期から近所の図書館のヘビーユーザーで、学校に行かず独学で大検まで取得してアメリカの名門大学に入学した著者の読書論をまとめた一冊です。だいたい興味深く読めるのですが、著者がエンジニアとして参加しているVALUというサービスと、このVALUに関連した仮想通貨についても脱線して紙幅を割いていたりする、少し変わったところもある本です。

小飼はほとんど嘘のような速度で読書をするので、どんな本でも積読しません。常人離れした読書量によって、だいたいの分野について「差分」を読み取る能力が備わっているのでしょう。またショーペンハウアーやバイヤールが言うところの「自分」なりの考え方がかなり強烈に「できあがっている」人物なので、どんな書物でも自分がどこをどう読みたいかが決まっていると思われます。そういう状態だと、どんな本であっても、気になる部分だけを読んで「読んだ」と言うことが可能になります。もちろんこれは鎌田が言うところの「絵画的読書」であって、アドラーの「初級読書」や鎌田の言う「音楽的読書」のことではないのですが。

ともあれ、小飼の驚異的な速読については、生まれ持っての特性や性格、少年期からの蓄積がものを言うので横に置いておきましょう。わたしが注目したいのは、小飼が読者に対して予算を決めて定期的に本を購入することを勧めていること、そして書店に通うことを勧めていることです。もうひとつ、本書が読書論としては奇妙なことにＶＡＬＵと仮想通貨に言及している点も面白いポイントです。

順に触れていきます。まず予算を決めるということですが、これは単純に、読書家になりたいなら定期的に本を買え、というだけでなく、本を買う予算を決めて予算いっぱいに買え、と勧めることで、読者に読書を促しているのです。小飼は自分を基準にしているために、買った本は次に本を買うまでに読み切りなさいと書いているのですが、常人にはなかなかハードルの高い話でしょう。

わたしならばこう勧めます。予算を決めて定期的に本を買いなさい、ただし買った本のすべてをすぐに読む必要はありません。積みなさい。そして積んだ本を新陳代謝しながら、あなたのビオトープを作りなさい。大事なのは、あなたなりの積読環境が構築されることです。そのために本棚を買ったりするのもいいでしょう。小飼はつい本棚の限界まで本を買ってしまうことを懺悔しつつ、本当は常に一部を空けて、新しい本を買えるようにしておきたい、と書いています。

実は『仕事につなげる技術』の山口は、本棚の新陳代謝についてかなり具体的に書いていました。本棚の運用は、積読術にとっては重要なテーマです。自分の家の本棚を、まるで書店員が棚をメンテナンスするように定期的に入れ替えるということが重要です。

次に、小飼は書店に通うことを提案します。アマゾンなどのネット書店が台頭してきている現在、書店は苦境におかれています。そのような書店を懐古的に応援したいというのではなく、アナログで物理的な空間に書物が並べられている場所に身を置くことの重要性を小飼は説いています。どんな書店でもいいというわけではありません。良い書店員のいる書店に通いなさい、と小飼は言うのです。

また、自身が少年期に登校を拒否して図書館に通っていた例を挙げながら、図書館の利用も推奨しています。これは「読書」の話として書かれていますが、実は自宅の本棚やクラウド上の電子書籍のアーカイブだけではなく、自分の行動範囲にある自宅外の書店や図書館などの施設も「積読」の範疇に含めていると考えることもできる話なのです。

最後に、なぜか小飼は仮想通貨の話を読書論の著作のなかに織り込んでいます。小飼がエンジニアとして事業に関わっていることもあって個人的に入れ込んでいたということもあるでしょうが、読書、書物、積読と仮想通貨の技術のあいだには深い繋がりがあるというのがわたしの見解です。小飼は明確にそのことについて言及していないので、仮想通貨のくだりは本書のなかで奇妙な位置づけになっているのですが、それはわたしがこの本の第一章で『帳簿の世界史』に触れて、とつぜんに地中海貿易の歴史の話をしたことにも関連しています。この「深い繋がり」について詳述する余裕はないので、引き続き研究し別の機会にまた書いてみようと思います。

第四章

ファスト思考に抗うための積読

デジタル時代のリテラシー

ファスト思考とスロー思考

『ファスト&スロー』（ハヤカワ・ノンフィクション文庫）で知られる心理学者、行動経済学者ダニエル・カーネマンは、人間の自己には「ふたつのシステム」があると言います。

人間の自己を形成する「ふたつのシステム」。そのひとつはいわゆる直感にあたる「システム1」、もうひとつが注意深い行動をするときの「システム2」です。「システム1」と「システム2」は心理学者のあいだではよく使われる表現なのですが、これではあまりに無味乾燥なので「システム1」を「ファスト思考」、そして「システム2」を「スロー思考」と呼びましょう。

たとえば特に注意を必要としない行動をするとき。自動車や自転車の運転をするのに慣れている人が、通学路などの通い慣れた道を走るときに使われているのが「システム1」、つまりファスト思考。そして引き続き自動車や自転車の例を使えば、悪路を走るときや危険な大型車の近くを走るときなどに使われるのが「システム2」、スロー思考です。

もっと単純な例を挙げると、一桁の足し算や引き算のような簡単な計算をするときはファスト思考、四桁の足し算を暗算でするような複雑な計算はスロー思考の出番、ということになります。浅慮と熟慮と言えばわかりやすいかもしれませんが、俗に言う反射神経のようにファスト思考が不可欠な場合もあります（厳密には反射神経とファスト思考は別物ですが）。ファスト思考を一概に浅慮だと侮るべきではありません。ブルース・リーが「考えるな、感じろ」と言うときや、「習うより慣れろ」という慣用句が指ししめそうとしているのは、「スロー思考にとらわれすぎるな」という生活の知恵でもあります。だいたいの場合、人はファスト思考とスロー思考を効率よく使い分けており、「考えるな、感じろ」や「習うより慣れろ」は、その「使い分け」のバランスが崩れることに対する警告なのです。

カーネマンは、この「ファスト思考とスロー思考」という心理学的な構図を経済学に応用しました。市場に対して人が常に熟慮を持って向き合えるわけではなく、事後的にはとても合理的とは思えない行動を取ってしまう現象を説明する理論を打ち出したのです。

ファスト思考とスロー思考は、『社会はなぜ左と右にわかれるのか』（紀伊國屋書店）で社会心理学者ジョナサン・ハイトが論じた構図（社会的直観モデル）における「直観と推論」による二層構造とほぼ同じものです。また法学者のキャス・サンスティーンと経済学者のリチャード・セイラーは同様の構造を『実践行動経済学』（日経ＢＰ）で、「自動モデル」と「熟考モデル」と呼んでいます。

「あれ？　積読についての本のはずが、なんで心理学や経済学の話？」と思われた読者の皆さんのために付言しておくと、ファスト思考とスロー思考の構図は、現在から未来に向けての「読書」、そして「積読」についてわたしが描いていることを説明するために必要な道具のひとつです。先回りして書いてしまうと、情報の濁流とビオトープ的積読環境とは、ファスト思考とスロー思考の二層構造に深く関係していると考えられるのです。

ユヴァル・ノア・ハラリが『サピエンス全史』（河出書房新社）で描きだしたように、人類は農耕を始めたことで安定的で「より豊かな」生活を手に入れると同時に、増え続ける人口のために「より豊かな」そして「より安全で便利な」生活を絶えず求め続けることを運命付けられました。現代人は、より美味しいものを食べたい、より美しく着飾りたい、より楽しく暮らしたいし、楽をして稼ぎたい、死の恐怖からできるだけ離れて健康に生きたいと考えながら暮らしています。この傾向は、一万年前から方向づけられたことなのです。

食べログやインスタグラム、その他のSNSやテレビや雑誌で話題のお店を調べて、よりお得に美味しいものを食べたいと努力したり、スマートフォンで地図検索をして目的地により早く、より楽に到着できるように調べたり、さまざまなアプリで暮らしを便利にすることもまた、その人類の長年にわたる営みの延長線上にあることです。

豊かさを「生み出す側」と「消費する側」

ここでカーネマンのファスト思考とスロー思考を思い出してください。食べログや各SNS、グーグルマップなどの地図検索サービス、それらを含むWEBサービスはいずれも、当然ながら開発のために熟慮、いわばスロー思考を必要とします。これに対して、それを利用する側（消費者、ユーザー）はどうでしょうか。便利で楽しい体験を享受するときには深く考える必要はありません。WEBサービスのユーザーたちはファスト思考の状態にあり、サービスが便利になれば便利になるほど、いっそうファスト思考だけで足りるようになっていくのです。

文明の発達、とりわけ現代における技術の発展とは、スロー思考とファスト思考を分離して、豊かさを「生み出す側」と、その生み出された豊かさを「消費する側」とに、それぞれが邁進していくことを指しているのです。本書の話題に引きつけて言うならば、諸コンテンツの大量生産と大量流通は、それを可能にするスロー思考重視の開発側と、享受する（あるいはそれらに翻弄される）ユーザー側との乖離のうえに展開していく事態なのです。

現代社会を覆っている技術のなかで最新で、かつもっとも注目に値するテクノロジーは、間違いなくスマートフォンデバイスです。よく言われることですが、前世紀までの人々は「二十一世紀の人類は宇宙旅行を楽しみ、テレビ電話で会話する」と思っていました。しかし実際に二十一世紀になってみたら、宇宙旅行の実現はまだ先のことであり、テレビ電話は可能になりましたがそれほど普及していません。その代わりにわたしたちの二十一世紀に一般化したのは、各自が小さな「電話」を持ち、しかしその「電話」で会話するよりもはるかに頻繁に「文字で会話する」という状況です。

電子メールやSlackは多くの場合、スパムやゴミのような未整理のタスクで飽和し、ツイッターは日々飽きることなく炎上を続けています。電車に乗れば、ネットフリックスをはじめとするサブスクリプション動画サービスを視聴したり、さまざまなゲームに耽る人の姿が目につきます。電車のなかや駅の構内、タクシーのシートですらも、かつて紙の広告があったスペースにはデジタルサイネージが設置されています。そのデジタルサイネージの画面には、まるでYouTubeのような動画広告が絶え間なく躍っています。第一章で触れた「他律的な積読環境」、カオスな情報の濁流です。

現代人はすでにデジタルの大波をかぶり、コンテンツに溺れ、飽和しきっているかのようです。しかしそれでも、絶え間なく利益を追求しなければならない企業は、もっと多くの広告、もっと多くのコンテンツを、人々の生活の隙間に送り込まなければなりません。これもすでに繰り返し語られてきたことですが、コンテンツは飽和しているのに、もっと多く、人々はコンテンツを詰め込まれようとしているのです。コンテンツの供給者たる企業群は、すでに飽和している人々の生活に、よりいっそうのコンテンツをさらに詰め込むために、競うように技術を開発し続けているのです。

デジタルマーケティングの世界にはTARP（Target Audience Rating Point）やARPU（Average Revenue per User）という用語があります。これは、あるサービスの個別ユーザーごとの「視聴率」や、ユーザーごとの売り上げを指すものです。消費者それぞれに最適化したコンテンツを効果的に提供することで、よりユーザーを楽しませ、その生活を豊かにしつつ、企業の側も売り上げを得る、そういう仕組みを洗練するための指標です。人々の生活の時間に、さらにコンテンツを詰め込んでいくためのシステムが日進月歩で開発され、日々のアップデートによってより効率化されているのです。

テック企業が目指していることは、人々の生活時間を一秒でも長く占有し、満足させ、次の一秒もまた自サービスにひきとめつつ、直接に何かを売りつけたり、間接的に何かを買わせるためのデータを所得し、そのデータをまた他のサービスに活かすことです。スロー思考によって開発されるテクノロジーによって、ユーザーたちのファスト思考はデータ化されて収集され、さらにコンテンツを詰め込むために活用されるのです。

最近、グーグル、アマゾン、アップルといったデジタル産業の巨人たちが力を入れているのは5Gやその次の6Gといった大容量の通信によって可能になる、個別のユーザーにさらに最適化したサービスです。顔認証や行動マーケティング、さまざまなレコメンドやシェアテクノロジーによって、これからの社会を生きる人たちには「より便利で、より豊かで、より安全な」体験が待っているのです。

銀行のATMや、コンビニのセルフレジすらまともに操作できないお年寄りがこれからどんどん増えていく、そういう超高齢化社会もまた、現代の社会の実像です。そのなかで、スマートフォンデバイスのディスプレイのうえだけではなく、俗にリアル店舗と呼ばれるコンビニや、電車やバスの運賃についても、キャッシュレス化が進むと言われています。

お年寄りや子供という、これまで低リテラシーのレイトマジョリティとされてきた層にも「より豊かな」体験を提供するために、テクノロジーはよりいっそうファスト思考寄りになっていくことが予想されます。そしてより多くのデータを収集し、より多くの顧客の、より多くの時間を占有するためには、これまでデジタルデバイスを敬遠してきた人たち（高齢者）や、これからデジタルデバイスに触れる人たち（子供）に「リーチ」する必要があるのです。

社会の格差拡大にともなっていっそう加速する「低リテラシー層」の拡大と、拡大していくその層をターゲットにしたファスト思考型のサービスの充実が、いたちごっこのように展開される――それが二十一世紀以降の未来の姿なのです。

読書や積読を考えるときに、それらとまっさきにバッティングするものとして思い浮かぶのが、消費者の「可処分時間」を虎視眈々と狙って日々発達を続けているこれらのテクノロジーでしょう。

ファスト思考型のサービスがどんどん増える未来の社会において、危惧されているのがいわゆる活字離れです。電子メールやインターネット環境が浸透し、日常に巧妙に入り込むようになり、前世紀には「出社しているあいだだけ」労働していた大人たちの時間がかつてなく搾取されるようになりました。通勤のあいだも、退勤後も、休暇の最中であっても、取引先や上司からの連絡はかつてなく容易に日常に侵入するようになり、また労働者たちのほうも自発的にその「時間」を差し出すことを期待される時代です。親が子供たちに向ける注意は、それらのコミュニケーション業務によって圧迫され、これまでテレビやラジオが果たしていた子守メディアとしての機能は、スマートフォンやタブレットPC、YouTubeやネットフリックス、アマゾンプライムビデオを見られるようになったテレビ、携帯型ゲームデバイスの「活躍」によって代替されるようになっています。

デジタルデバイスを自分では操作できない、機械嫌いの高齢者の介護のために、音声でコミュニケーションできるPepperやAlexaやグーグルアシスタントの活用が期待されているということもあります。

据え置き型のパーソナルコンピュータが中心だった時代にデジタルディバイドとみなさ

れていた、いわゆるリテラシーの格差の「向こう側」にいた多くの人々（レイトマジョリティやラガードと呼ばれる人々）が、新しい市場の可能性として射程に入れられるようになってきているのです。

デジタルディバイドの「こちら側」と「向こう側」

これまで、デジタルディバイドの「こちら側」つまりテクノロジーの活用に比較的積極的だった人々と、「向こう側」つまりテクノロジーに苦手意識を持ち消極的だった人々とを隔てていたのは何だったのでしょうか。ディバイド、すなわち「分断」をしているのがデジタル、つまりテクノロジーだったのだから、「こちら側」と「向こう側」を隔てていたのはデジタルテクノロジーだろう、と普通は考えてしまうかもしれません。しかしはたして本当にそうでしょうか。

ここで重要なのはリテラシーという概念です。リテラシーは、もともとは読み書きの能力を意味していました。デジタルテクノロジーのリテラシー、つまり「デジタルテクノロジーにおける読み書き能力」とは、デジタルテクノロジーの基盤を作るプログラミングの能力に限られるものではありません。あらゆる「ディスプレイのうえの文字」を「読み書きする能力」です。それは、オンラインを経由して行き来する情報全般に対する読み書きの能力を指します。

ウェブニュースやSNS、電子メールでやりとりされる情報を的確に書き、また的確に読む能力、それが現代のリテラシーなのです。そしてこの能力の格差がそのままデジタルディバイドの「こちら側」と「向こう側」とを隔てるのです。これまでは、デジタルテクノロジーのリテラシーを高め、より的確に読み書きをすることが推奨されてきましたし、その推奨自体は情報が氾濫する時代にあっては今後も重要であり続けるでしょう。しかしテクノロジーの進化と社会への浸透を加速的に発展させようとするテック企業は、この「読み書きの能力」による「分断」を越えていこうとしています。

論理的で分析的、比較的に長期の計画に基づいてシステムを構築するスロー思考型の「こちら側」と、「直感的で感情的、短絡的」な、「システムを利用するだけ」のファスト思考型の「あちら側」との分断は、おそらく有史以来、連綿と存在してきました。現代におけるメディア環境の発達は、この古来続く分断と乖離が新しい段階に到達したことを意味しているのです。

読み書き能力というものは本来、社会的な地位に直結するものです。たとえば日本でも珍しくなくなった難民や外国からの移住者は、当然ながら日本語能力が一般的な日本人に比べて相対的に低いものです。そのような難民や移住者に対して、多くの日本人が驚くほど排他的で冷淡、ときには残酷ですらある態度を示す場面をみかけるのは珍しくありません。このことは、日本人の多くが、「日本語のリテラシーの低い人たち」のことを「自分たちの社会の外部にいる存在」つまり日本社会における「地位を持たない存在だ」とみなしていることと無関係ではないでしょう。同質性が高く、同じ言語を使う割合が国際的に見てもきわめて高い日本という環境で生活していると、「郷に入れば郷に従え」と傲慢な態度を取ってしまいがちになるのかもしれません。この排他的な意識の高さについて自覚的な人はあまり多くはありません。

自文化を中心に考える人にとって、自分たちの文化のリテラシーを持たない人は共感しあうことのできない他者、悪くすると、極端な場合、「敵」として現れてきます。

逆にデジタルテクノロジーのリテラシーが低い人が多数を占める集団では、デジタルテクノロジーそのものに対して「敵意」が向けられることが多くなります。このようにして、レイトマジョリティやラガードと呼ばれる層、特に高齢者たちのあいだではデジタル嫌いが蔓延し、「デジタルディバイド」が固定化してしまうのです。

しかし、そのような分断の向こう側に訴求するためにテック企業はディスプレイ中心の思考を離れ、次のステップである音声（ボイス）の領域を開拓し始めています。この「ボイスコンピューティング」の領域についての問題はまだ開拓され始めたばかりであり、本書での言及はここまでにとどめておくことにします。

書物のディストピア

もうすぐ絶滅するという紙の書物の未来

第一章で触れたようないわゆる出版不況を別にしても、これまでさまざまなかたちで「書物」は滅びるのではないかと言われてきました。

たとえばインターネットとデジタルデバイスの普及にともなって「紙の本は終焉を迎え、将来的に誰も紙の本を読まなくなるだろう」という言い方があります。マサチューセッツ工科大学メディアラボの創立者で、さまざまな技術的予言によって物議を醸してきたニコラス・ネグロポンテは「数年以内に紙の本は絶滅する」という発言をしたことがあります。iPhoneやiPad、アマゾンのキンドルなどが登場し話題になっていた二〇〇〇年代後半にはそれこそ「書物が消滅する」というような言説が、一部の人たちによって賑やかに議論されていたのですが、どういうわけか十数年を経た現在、そのような話題自体がほぼ消滅しました。ネグロポンテの発言自体もそのソースを見つけるのに苦労します。

ネグロポンテの発言や、それを踏まえた未来学者たちの言説を受けて語られたとおぼしき書名を持つ『もうすぐ絶滅するという紙の書物について』（阪急コミュニケーションズ）では、ともに稀覯本蒐集家であるウンベルト・エーコとジャン＝クロード・カリエールが「紙の本は絶滅しない」と反論しています。

エーコは、紙の本であろうと電子書籍であろうと書物が「死ぬ」ことはない、と断言します。しかし紙の本は、紙そのものの劣化によって数十年、数百年という時間のなかでは物体として「死んで」しまう。エーコは「電子書籍だと目が疲れるので読んでいられない」とも語るのですが、これについては電子書籍リーダーやスマートフォンなどの電子書籍の読み上げや音声コンテンツの普及で論駁可能です。ともあれエーコは「将来的に紙の本がなくなってしまう可能性」を否定しません。もし仮に紙の本が残っていても、一部の好事家だけが博物館で読むだけのものになるかもしれないとも語っています。

一方で、興味深いことに、インターネットのほうがなくなってしまうかもしれない、とも述べています。インターネットとは、世界中のコンピュータを相互に接続して自由に通信できる仕組みですが、たとえば現在の中華人民共和国のように「自由な通信」が制限されている例があります。そして「自由な通信」が制限されている状態でも中国は昨今、国際経済のなかでの存在感を強めており、「制限された通信」が見直されつつあるのです。現在はまだ、インターネットが分断される未来が実現する可能性は低いのですが、もしそうなれば、やはり伝統的な紙の本の需要はまた見直されるのかもしれません。

いたるところがスクリーンになる？

「紙の書物は消滅するだろう」と予言したネグロポンテの出資を受けて一九九三年に創刊された『WIRED』誌。その『WIRED』誌の創刊編集長ケヴィン・ケリーは『〈インターネット〉の次に来るもの』（NHK出版）において、「BECOMING」などの十二種類の動詞の進行形をそれぞれの章題に掲げてさまざまな技術が実現するという「未来の暮らし」を描いています。

ケリーが描く未来の暮らしは、さまざまな技術的制約によってとうてい実現しそうにないものばかりです。それでも、まさにそのさまざまな制約によって窮屈な思いをしている現代人にとっては魅力的なものが揃っているとも言えるのです。

この本のなかでケリーは「書物」が経験するであろう変化について何度も言及します。たとえば「あらゆる書物はクラウドで常にアップデートされた最新版となり、複数の書き手がウェブサービスのように上書きを続けていく」というようなものです。

「あらゆる書物がクラウドにアップロードされる」という事態は、実は現在のインターネット企業の最大手であるグーグルの創業者たちが夢見たことでもあります。彼らはスタンフォード大学の大学院で図書館の検索システムを研究するなかでグーグルのサービスを思いつき、わずか数年で世界有数の大企業へとグーグル社を成長させました。「紙の本の消滅」が危惧されていた頃、グーグルはアメリカの図書館に眠る数百万冊の蔵書すべてをスキャンして検索可能にするというプロジェクトを実行し、大規模な訴訟を引き起こしました。グーグルの試みはあまりに拙速だったために、それぞれの書物の著作権をはじめとするさまざまな権利を持つ著者たち、出版社、そして書店の危機感をあおり、世界的な反感を招いたのです。ケリーの描く「あらゆる書物がクラウドにアップロードされる」という未来像は、グーグルのその試みがいつかは成功するという想定に基づいていると考えられます。

ケリーの想定は次のようなものです。電子書籍を一度購入すれば、その書籍はウェブサイトのように常時更新されるので、誤植や誤訳は発見されるたびに改善され、未来の読者たちは常に最新の知見にアクセスできる、というわけです。それにとどまらず、書物は特権的な著者や訳者による独占から解放され、ウィキペディアのように誰もが編集できる民主化されたものになる、とケリーは書いています。

しかしわたしがもっとも注目したいのは、第四章「SCREENING」で語られる、次のような「未来の生活」です。

その未来の生活では、ある人が乗った自動車のフロントガラスはスクリーンでもあり、そこにその日のニュースがうつしだされます。興味深いのは、視覚的にニュースを「見る」だけではなく、同時に「読み上げ」が想定されていることです。

未来にいるケリーとして描きだされた「彼」は、二十世紀の日本のサラリーマンの多くが通勤途中の電車のなかでその日の新聞を読むように、あるいは二十一世紀の労働者がスマートフォンでニュースアプリを読むように、最新のニュースを自動車のフロントガラスのスクリーンで観るのと同時に「音声」で聞くのです。

紙の情報、携帯デバイスのディスプレイ、これらが二十世紀的なものだとすれば、スクリーン上の文字情報とそれの読み上げが、ケリーの描く未来の生活におけるニュースの姿なのです。

ケリーは、技術革新によって「いたるところがスクリーンになる」と書いています。なるほど、いたるところをスクリーンにする技術がこれから発達し、普及する未来は訪れるかもしれません。でもそれ以前に、音声について言えば、スピーカーかイヤホンがあれば、現代の技術でも、ニュースであろうが小説であろうが、音声で情報を「読む」ことはすでに可能です。

これまでもラジオやインターネットで配信されるさまざまなコンテンツが存在してきました。最近では出版流通の世界的な覇権を掌握しつつあり、キンドルで電子書籍の市場でも圧倒的な存在感を示すアマゾンが、書物を読み上げた音声コンテンツを提供するオーディブル社を買収し、オーディオブックの市場も開拓しようとしています。

オーディオブックや電子書籍の読み上げであれば、入浴中にも聞けるし、エーコが電子書籍について苦言を呈したように目が疲れるという問題もクリアできるのです。

電子書籍と書物の破壊

電子書籍に関連する技術として『〈インターネット〉の次に来るもの』でケリーが大きく依拠しているのはクラウドサービスの技術です。

「モノのインターネット」つまりＩｏＴ技術が人々の生活空間のいたるところに浸透し、さまざまなウェアラブルデバイスが普及することによって、オンラインで繋がれた膨大な台数の高速なサーバーに格納されたコンテンツに常時接続することが可能になること。それがケリーの思い描く「未来の暮らし」の前提になっているものです。

ベネズエラ出身の図書館学者フェルナンド・バエスは『書物の破壊の世界史』（紀伊國屋書店）で、五千年以上前から人類が書物を大規模に破壊してきた歴史を辿っています。「シュメールの粘土板からデジタル時代まで」という副題にもあるとおり、デジタル時代である現代でも「書物の破壊」は行われています。

ケリーは、クラウドに格納されたコンテンツは分散化されているので、たとえサーバーセンターに飛行機が墜落するような災害が起きてコンピュータとそのなかのデータが破壊されることがあっても、情報は損なわれないと楽観的に述べています。しかしそのようなクラウド技術が仮に実現されるとしても、次のようなケースではやはり「書物の破壊」が生じます。

たとえば、アマゾンがキンドルで配信していた電子書籍をサーバーから削除する場合。意図的なものであれ、事故であれ、サーバーから書物が削除されたり、配信が停止されてしまえば、そのクラウドサーバーに依拠していたデバイスからは書物は閲覧できなくなります。それは何万部もの書物がいっせいに焚書されるようなものです。現代でもニュースやSNS上の情報が容易に書き換えられたり削除されていることを想起すればすぐに理解できる状況でしょう。

ディスプレイにコンテンツが表示されるよりも前に、デジタルデータはコンピュータの基板のうえにまず書き記されているものです。デジタルな「書物」は、人がディスプレイで読む前にコンピュータが「読む」、ある種の書物なのです。紙のうえにインクで書かれたり印刷された文字による書物と、まずサーバーや電子端末が「読み」、ついでディスプレイ上に表示される電子書籍。このふたつの「書物」は、どちらも「破壊されうるもの」だという点では同じです。

それでも本はなくならないが、価格は高くなる

紙の書物も電子書籍も、どちらもいずれ破壊されうる。そうはいっても、何かを読みたい、知識や物語を遺したいという人がいる限り、これからも書物は書かれ、読まれ続けるでしょう。仮に紙の書物が破壊され尽くされることがあるとしても、インターネットが崩壊してクラウドが機能しなくなり、電子書籍が消滅することがあったとしても、書き手と読者がいる限りは、書物は「なくならない」のです。

そう、書物は「なくならない」でしょう。しかし、それは書き手と読者がいる限りのことです。紙の書物が破壊され尽くされることも、インターネットが崩壊してクラウドがまったく機能しなくなるような事態も、少なくとも今後数十年で起こりうることだとはちょっと考えにくいことです。書物の「絶滅」という事態は、かなり大げさな想定であることはいったん認めるべきでしょう。

しかし、書き手や読者の減少という事態ならどうでしょうか。

二十世紀のうちはまだ出版産業は右肩上がりでしたし、昭和までの経済成長で得た利益を保持している人は日本の総人口の一億人以上のうちの何割かを占めているでしょうし、

全体的に高い識字率と高い教育水準を誇ってきました。二十世紀の日本の出版はそのような読者たちに支えられてきました。

書き手と編集者と、版元と取次、そして書店と読者という産業構造が二十世紀のあいだは健在だったのです。現代もまだベストセラーがあり、減りつつあるとはいえ書店も版元もまだたくさんあります。取次各社は再編を試みており、その規模は縮小するでしょうが、壊滅するということはないでしょう。多くの編集者たちは働き方を変えようとしており、一定の読者を持つ「売れる書き手」たちは今後も安泰だと思われます。全体的に見れば、日本の社会や経済とともに、前世紀のような栄華をとりもどすことはかなわなくとも、出版産業が消滅することはないと思われます。

ただ、産業の縮小にともなって書物の単価が高騰していく可能性は考えられます。食品や衣料などの「作ろうとすればたくさん製造できる消費物」の場合は、需要が減り続けると価格も下がり続けます。いわゆるコモディティ化（汎用品化、日用品化）です。これに対して、コメであればブランド米、グルメであれば高級レストラン、衣料であれば高級ブランドなどが登場して差異化がはかられることになります。書物の場合はどうでしょうか。一方には一冊で何万円もする専門書があり、他方には多売を見込んで薄利で供給される一般書がある、ということになります。

問題は薄利多売で供給しようにも、書店や流通が疲弊して読者が書物にアクセスしづらくなっていくということです。当面は、より多くの消費者に商品を買ってもらうための薄利多売モデルで本を売ろうとする動きが続くでしょうが、書店が減少し取次などの流通が疲弊していく状況で、質を保ったまま書籍の価格を現在の水準に維持し続けたり、さらに安価にするのが難しいことは目に見えています。

書物を供給する側は利益を得ないと立ちゆかないために、読者に商品を届けるためのコストを価格に上乗せする必要が出てきます。しかし忘れてはならないのは、現代日本の経済が現在進行形で沈下しているということで、読者の側は供給側の利益のために上乗せされた価格では商品を買うことができません。こうなると供給側は上乗せしたかった利益の分を価格から削減して、それだけ生産のためのコストを下げる必要が生じます。

その結果、一般的に流通する書物はこれまでと比べてかけられるコストが低くなります。産業全体でこのコスト減のあおりをくうことになり、書店員も流通に携わる人たちも、版元も編集者も書き手も、それぞれにジリ貧になっていくのです。長い目で見るならば、もともと玉石混交だった刊行物の質は「石」の割合を増やしていくことになると言わざるを得ません。石を掴まされる確率が上がれば、読者は離れていくでしょう。これは少子高齢化の先にある人口減とともに産業全体の衰退に拍車をかけることになります。

読書は贅沢になるか

もちろん、良識のある書き手、良識のある編集者、良識のある出版社、良識のある書店は今後も良質の書籍を可能な限り安価で流通させるように努力を惜しまないと思います。しかし、悪質なプレイヤーが混ざり込む確率が高まることで、悪書の割合が高まり、全体のコストは上がっていくのです。ゆえに、これは個別のプレイヤーの問題ではなく、市場全体の構造的問題なのです。

すでに高価だった専門書ならこの構造とは無関係に価格を維持できるのでしょうか。本を読む人が減少する状況では、専門書を読む人も育ちません。もともと高価だった専門書はさらに読者を減らし、これまで以上の高値をつけなければ販売しても供給側に利益が出ないということになります。利益が出なければ供給側は自分たちを維持できなくなります。専門書の価格はさらに高騰し、そもそも刊行される機会が減るのです。

また、超高齢化社会の進行と、加速する一方でとどまることを知らない少子化とのダブルパンチによって、肉体労働の書店業務は相対的にますます困難になるでしょう。エーコが言った「一部の好事家が紙の書物を求めて博物館に行く」感覚が、今後の読者たちに徐々に強まっていくことが予想されます。

加藤周一や山口周は、書物には「はやく読むべき本」と「おそく読むべき本」があると主張していました。アドラーの言う「点検読書」、バイヤールの言う「流し読み」、つまみ読みで「ざっと読む」ための本と、若松英輔が何年もかけて読んだようにじっくりと時間をかけて読む古典のような本。情報の濁流のなかで流されないために、百冊のなかの九十九冊をしりぞけ一冊だけを取り出すこと、その一冊に巡りあうタイミングを待ちながら九十九冊を見送るということ。時間をかけるべき本に出会えるまで、何十冊と目を通しながらその内容を忘れていくこと。このような読み方は、今後いっそう贅沢なことになっていく可能性があります。

書物の価格は全体として上昇していくでしょう。それと並行して、ファスト思考的な「流し読み」のための本と、スロー思考的なじっくり読むべき本との乖離がいっそう激しくなっていくと考えられます。

積読で自己肯定する

セルフネグレクトとしての本の山

積読はなぜうしろめたいのでしょうか。

ここまで書いてきたように、書物はそもそも「積まれる」ために書かれ、保存されてきました。書物を積んで、読まずにおくことは、書物に対する本来的な態度だと言えるでしょう。だから積読をすることにいちいち「うしろめたさ」を感じる必要はないのです。

それでも現実問題として、積読はやはりうしろめたい。このうしろめたさには、次のふたつの原因があると思われます。

ひとつめの原因。これは、やはりすでに書きましたが、書物が作られ、積読をする人の前に届くまでに「それを読んでほしい」という願いが繰り返し込められるからです。それを読む人がいると信じて、書き手はその本を書き、それを読む人がいると信じて編集者はその本を作り、それを読む人がいると信じて書店や図書館はその本を仕入れ、棚に並べます。何より、その本を手に入れたときのあなた自身が、その本を手に入れる際に、その本を読むことを期待しているのです。書物は、それらの期待を何重にも堆積させているモノなのです。書物を読まずに積んでおくことは、これらの何重もの期待を見て見ぬ振りすることにほかなりません。これはいわばミクロな、微視的なうしろめたさです。

うしろめたさのもうひとつの原因は、情報の濁流に対する不安に関係しています。刻一刻と増え続け、蓄積し続ける大量の情報。この状況を前にして、手をこまねいていることのもどかしさ。目の前にある本をとりあえず手に取れば、そのページを読み始めれば、迫りくる情報の濁流から束の間だけは目を背け、その解消に一歩でも近づける気がする、そうするしか方法はないのではないか、きっとそれしか方法はない、とにかく読むのだ、もうこれ以上は本を積まないぞ、と焦る気持ち。この焦りが、本を積むことへのうしろめたさとして感じられるのです。いわばマクロな、巨視的なうしろめたさです。

どちらの原因も、書物が「閉じと開かれのあいだ」にあることが生み出すものです。

ミクロなうしろめたさは、読んでも読んでも終わることがないというバイヤールの言う読書の不完全性のせいで、決して解消することはありません。著者の期待から、その本を手に入れたときのあなた自身の期待に至るすべては、その本をあなたが完全には読み切ることができないということによって報われることがありません。その書物が閉じられているときには、一見したところその本が完結しているように見えるために、「読む」ことが達成できそうに思えてしまう。しかし、ひとたびその本を開いてみると、読者は、そこに書かれていることを完全に汲み尽くすことができないという現実につきあたるのです。

このミクロなうしろめたさが書物の一冊一冊、その一ページごとに秘められているのに、それが刻一刻と増え続けていく、それが情報の濁流であり、マクロなうしろめたさです。とにかく一ページ読み終われば、次のページに進める、そうやって読み進めていけばやがて一冊を読み終えることができる、一度開いた本を、いつか本当の意味で閉じることができる、そういう期待をしてしまうものです。実際、ひとまず本を「読んだ」と言って閉じてしまえば、その本を読み終えたような気になれます。しかし情報の濁流のなかでは、一冊でも百冊でも一万冊でも、「読み終えたような気になる」ことができたところで、まだ次の一冊、次の百冊、次の一万冊が生まれてくるのです。

書物には妖しい魅力があり、ときに悪魔的に人を引き寄せ、大なり小なり、人を狂わせる場合があります。書物に危険な側面があるということは以前からよく語られてきました。ある書物を読まずに積んでおくということは、その危険な側面から目を背ける卑怯な態度に思われるのかもしれません。だからこそ積読はうしろめたいのです。

「ざっと読む」だけのファスト思考的な読書はミクロなうしろめたさによって挫かれ、「じっくり読む」スロー思考的な読書もマクロなうしろめたさによって挫かれてしまう。ファスト思考的に読もうとしても、スロー思考的に読もうとしても、情報を十分に汲み取れていないというしろめたさからは解放されません。いわゆる読書というものは、書物の本質的な積読的性質から、かりそめに目を背け、うしろめたさにその場限りの慰めを与える行為でしかないのかもしれません。

つまり読書とは「ファスト思考とスロー思考のバランスを崩す行為」なのです。積んだまま開かないで閉じたままにしておけば、無限の未来まで「いつか読む」を先送りできるスロー思考の極致のような状態なのに、手にとって書物を読み始めた途端に、開いたページをひとまずファスト思考的に処理しなければならなくなる。もともと不可分であったはずのふたつのシステム、「自己」を構成する二層のシステムが引き裂かれてしまう。「ざっと読んで済ませてしまいたい」ファスト思考と、「永遠に積んでおきたい、永遠に読み続けたい」スロー思考と。このふたつの誘惑を同時に行い、どちらの期待もかなわないままにされてしまう。読書をしても、積読をしても拭い去れないうしろめたさ。

ここで、第一章で挙げた『本で床は抜けるのか』に紹介されている、作家で翻訳家の田中真知とその父親のケースをもういちど振り返ってみましょう。田中の父親は晩年、自分の尿を日本酒の紙パックに溜め、埃の堆積する床にうずくまり、ただ死を待つような暮らしに陥っていました。家族に暴言を吐く、いわゆるドメスティックバイオレンスが日常化し、アルコールに溺れる姿は痛ましく、またその死後に遺された「蔵書」は保存状態が悪く、貴重な書籍も古書商が高く買い取ることができなかったというケースです。

貴重な蔵書を傷むに任せ、生活空間の清掃もできず不潔な環境でアルコールに依存する田中の父親はセルフネグレクトの状態にあったと考えられます。

『ルポ　ゴミ屋敷に棲む人々』（幻冬舎新書）を著した岸恵美子によると、積極的に自分を傷つける自己虐待とは異なり、セルフネグレクトは自分を消極的に「放置」することで、時間をかけて自分の健康や安全を損なっていきます。ゴミ屋敷はセルフネグレクトの代表的な例で、不衛生な環境に身を置き、緩慢な死を待つだけの田中の父親は、岸が紹介しているセルフネグレクトの事例に重なります。

『本で床は抜けるのか』で田中とその父のエピソードは不幸なケースとして紹介されていますが、積読をテーマとして考えるとき、ただ蔵書を大量に蓄積しているだけの人が読みもしない本を溜め込んでいくならば、それはセルフネグレクトなのかもしれません。というより、ファスト思考とスロー思考のバランスを失い、ファスト思考が求めるコンフォートゾーンから足を踏み出せない状態がセルフネグレクトなのだと言えるかもしれません。「コンフォートゾーン」とは、「快適な空間」を意味する心理学用語です。

ゴミ屋敷問題は、「コンフォートゾーンを守りたい」という当面の欲求と、その「コンフォートゾーンの維持」が、地域社会や親族や友人からの隔絶によって、自身（セルフ）の維持を困難にする生活や健康に対する不利益へと、中長期的には繋がっていってしまう構造が、居住空間の不衛生化として表面化したものなのです。ファスト思考とスロー思考のモデルで考えるならば、当面のストレスから自分を守り、さしあたり快適な環境に身を置きたいというファスト思考の欲求と、健康を維持して社会に身を置き続けたいというスロー思考的な中長期の自己像の維持とが齟齬を来している状態です。

ゴミ屋敷の例は、書物に限らず、衣服の洗濯や健康の維持などまで生活習慣が崩壊しているようなケースですが、単に蔵書が膨張するに任せる積読傾向は「情報のゴミ屋敷」とでも呼ぶべき状況だと言えるでしょう。ファスト思考ばかりを追求するように方向づけられた、情報の濁流に飲まれた積読の状態です。

ファスト思考とスロー思考をバランスする

『ルポ ゴミ屋敷に棲む人々』に登場する、セルフネグレクトに陥った人々はくちぐちに「このまま死なせてくれ」「死にたい」と言うのですが、生きていくことに中長期的な希望を持てない状況で、ただ衰弱していく自分が苦しく、恥ずかしく、死だけが救いであるような状態であることがわかります。

ファスト思考ばかりへと追いやられる情報の濁流の状況である現代において、どのように積読環境を構築していくかを考えるならば、わたしたちは「セルフ」を「放棄」して「ただ感じる」ことばかりを推奨される環境を疑い、抗わなければならないことに気づきます。

つまり、ファスト思考偏重のセルフネグレクトへと誘惑してくる情報の濁流のなかで、「セルフ」を構築しなおすため、ファスト思考とスロー思考をバランスさせなければならないのです。

『ファスト&スロー』によれば、ファスト思考は通いなれた道を自転車で走るような際に働く思考でした。これに対して、スロー思考は高速道路で大型車が近くを走る際に、注意深く車を運転するような場合に働くものです。

現代のどんどん快適になる情報環境において、その快適さに甘んじて情報を感じるままに摂取することはファスト思考的です。これに対して、そのまま「セルフ」を維持するバランスを失っていくことで緩慢な死を待ち望むしかない未来は、道路で大型車の近くを走るようなものです。スロー思考を働かさなければ、大型車に巻き込まれて大怪我をしたり、悪ければ命を落とすような事故にもなりかねません。言うまでもなく、この大型車は情報の濁流のことを指します。

近年、人口に膾炙するようになった言葉に「自己肯定感」があります。これはセルフネグレクトとは対極にあるもので、自己を維持して、またその維持の仕方を肯定的に捉える感覚のことです。この自己肯定感が損なわれることで人はセルフネグレクトに陥るのです。情報の濁流のなかでファスト思考が感じるままに情報を摂取するだけでは自己は維持されるどころか散逸していきます。

断捨離とこんまり

それでは、自己を回復する試みとしての「断捨離」はどうでしょうか。『本で床は抜けるのか』で紹介されていた内澤旬子は、大病を契機に蔵書を断捨離するようになっていました。余命を意識したことで、自分の人生を見直し、蔵書を手放すことを選んだのです。

この内澤のケースを振り返るときに思い出されるのは、最近アメリカ進出を成功させネットフリックスのシリーズ番組が大人気を博して話題になった近藤麻理恵、通称「こんまり」です。近藤はベストセラーになった著作『人生がときめく片づけの魔法』(以下『片づけの魔法』)で、「読まない本は思い切って処分しなさい」と説いています。

そもそも本というのは、紙です。紙に文字が印刷してあって、それを束ねたモノを指します。この文字を読んで、情報をとり入れることが、本の本当の役割です。本に書いてある情報に意味があるのであって、「本棚に本がある」こと自体に本来、意味はないわけです。

(『人生がときめく片づけの魔法 改訂版』河出書房新社、一二五頁)

情報の濁流の時代にあって、中長期的に見て自分（セルフ）が必要としないものを「溜め込む」のではなく、「断捨離」のように手放すことを徹底的に推奨する近藤は、「すぐに読み返さない本」「すぐに読まない本」は「人生」にとってはゴミであるとみなすのです。いわば近藤は、ファスト思考で積んでしまっている本を、再度ファスト思考的に判断して処分せよ、と説いているわけです。

わたしは書物を溜め込んで自宅をゴミ屋敷寸前の状態にしていた頃に近藤の『片づけの魔法』を読み、「本を床に並べて、一冊ずつ手に取って、ときめくかどうかを確かめましょう」という部分で挫折したことがあります。その時点ですでに、自宅の床は積み上がった本で埋まっていたからです。また、どの本も、手に取ればいくらでも「ときめいて」しまう。『片づけの魔法』は、「床に並べることができる程度の冊数しか本を持っていない人向けだ」と思ったことを覚えています。

しかしいま思えば、近藤が主張していたのは「（あなたの）人生にとって」一冊一冊の本にどのような位置づけを与えられるかを再考しなさいということでした。近藤は「ときめき」を感じる本は処分しないでいいとも書いています。なお近藤のお気に入りの一冊はルイス・キャロルの『不思議の国のアリス』とのこと。合理的、効率的に「片づけ」を提案していくようでいて、ナンセンス文学の代表的作品を愛好するあたりが、近藤らしいところです。近藤の人気は、方法の合理性、効率性と、「ときめき」や「魔法」といった非合理性や無意味なものを肯定するバランスの魅力に支えられているのでしょう。このバランスによって、崩壊に瀕した「自己（セルフ）」を保ち、「人生」を再構築しようというのが近藤の方法なのです。近藤の「片づけ」は、いわばビオトープ的な積読環境を自律させるための新陳代謝の一例です。

「読んで情報をとり入れること」が「本の役割」だ、「本棚に本があることに意味はない」という近藤の主張については、外部記憶装置として情報を蓄積することが蔵書の機能であり、書物は積まれ、保存されることこそが本来的であるとわたしは主張しているので、もちろん同意することはできません。

しかし、本棚にどのような本が積まれているのかについて定期的に見直しをして、自分の環境がどのような積読によって構成されているのかに向き合い、自分のビオトープがどのような方向性を持っているのかを再確認することには意味があるのです。

自己を肯定するための積読

情報の濁流は絶えずわたしたちを翻弄し、ファスト思考に問いかけてきます。それは常に誘惑であり、そのときどきにわたしたちは「ときめき」を感じるかもしれません。しかし、そのようにして入手した情報は、手に入れた途端に色褪せ、わたしたちの人生を鈍重にするゴミになっていくのかもしれません。手に入れた書物たちをどのように新陳代謝するべきかを考えず、積読を死蔵しているだけの蔵書家たちの未来は、セルフネグレクトの果てのゴミ屋敷に近いものになっていくでしょう。

情報の濁流そのままの、方向性のない、そのときそのときの自分のファスト思考だけで選ばれた蔵書は、さまざまな方向へと読者を誘惑するので、その「知の迷宮」のなかで人はただ迷い、彷徨うことになるでしょう。

どこを向いても聞こえてくる、「いま、あなたに読まれたい」という書物からの呼びかけに右往左往しているうちに、あなたは自分が何についても知的な体系を構築できていない、きわめて心許ない感覚に陥っていきます。そして自己は引き裂かれたままで、うしろめたさは濃くなっていくばかりです。世の中には「自己肯定感」という言葉があります。

「自尊心（セルフエスティーム）」とも呼ばれるこの概念は、最近ますます人口に膾炙するようになりました。社会で自己実現しようとする人たちが読書によって知識を得て、この自己肯定感を手に入れようとするときに速読や多読によって教養を身につけようとしています。世の中にある書物をたくさん読む、小林の言うところの濫読で教養が身につくならば、自己肯定感を得るのは簡単で、誰にとっても問題にはならないでしょう。とにかくたくさん本を読んで、その知識を身につければ済むからです。

実際には、ただ本をたくさん読むだけでは自己肯定感を得ることはできません。なぜならば、本書で繰り返し述べてきたように、情報の濁流のなかで書物は日々大量に新しく刊行され続けているからです。書物を読めば読むほど、世の中にはもっとたくさんの情報があること、自分が知らないことが大量にあることを思い知らされるのです。情報の濁流のなかで自己肯定感を得るためには、自分なりの方向性を持ってビオトープ的な積読環境を構築し、それを新陳代謝させるしか方法はありません。

ビオトープ的な積読環境を自分の周りに構築してみるとわかるのは、自分と同じような「環境」を構築している人は古今東西どこにもいない、ということです。通常、自己（セルフ）と言うと、自分の身体と精神を基準にした自己像が想像されます。しかし、身体も精神も、それについてよく考えれば考えるほど、輪郭が曖昧なものです。自己を肯定するためには、たとえば筋トレで美しい身体を構築したり、スキンケアで美しい外見を得るように、自己として自分で肯定できる何かを構築する必要があります。情報の濁流の時代は、さまざまな誘惑によって、この自分で肯定できる何かを構築しづらくなっている時代なのです。

ビオトープ的な積読環境は、読者をファスト思考のカオスのなかで混乱させる情報の濁流のただなかに、自己を肯定するための足場を提供することになるでしょう。ここまで書いてきたとおり、今後ますます書物の価格は高騰し、本を入手するハードルは高くなっていく可能性があります。また、何度も書いているように、本を積むことには、それをすぐには読めないという「うしろめたさ」があります。しかしこれらを理由にして「読めない本を積むこと」をやめてしまえば、結局のところファスト思考に踊らされて、自己は肯定されないまま生きていくことになります。

ビオトープ的な積読環境の構築こそがスロー思考であると考え、自分のための文化資本を蓄積することによって、情報の濁流にかき消されない「自己の輪郭」を作る必要があるのではないでしょうか。

スロー思考と瞑想

第三章で触れた『本を読めなくなった人のための読書論』で若松は、「本を読めなくなった」状態は「情報の断食」であると表現しています。『本で床は抜けるのか』の内澤のケースは「断捨離」というヨガ由来の表現で呼ばれていました。近藤の『片づけの魔法』で近藤が繰り返し読者に勧めるのは、片づけたい家のなかにあるさまざまなモノ（それにはもちろん書物が含まれます）に「触れる」こと、そしてその際に「ときめきを感じる」かどうかを自分に訊ねてみるということです。

壺や水晶などのいわゆるスピリチュアル系の商材を扱うオンラインショップを始めたり、そもそも神社で巫女のアルバイトをしていた経歴を持ち、著作に「魔法」と銘打った近藤は、アメリカで神秘化されがちな日本人像をうまく自己プロデュースに活かしています。またヨガは、二十世紀後半にアメリカ西海岸から世界的に流行したヒッピーカルチャーでも注目された自己修練の技法です。そして「断食」は、イスラム教におけるラマダンや、仏教や修験道における修行に取り入れられるなど、古くから宗教的、神秘的な効用を持つものとされてきました。

「感じる」ということ、そして修練によって自己の身体性を「再発見」して自分の人生や生活を再構築しようというこれらのスピリチュアルな方法は、わたしがこれまで情報の濁流と呼んできた時代の趨勢のもうひとつの側面である資本主義あるいは消費社会のなかで、セルフを維持する方法としてさまざまに採用されてきました。

神秘的な実践においてもうひとつ重視されるものに「瞑想」という方法があります。近藤は片づけを始める前に儀式的に「家への挨拶」をするのですが、これは簡易的な瞑想だと言えます。また、ヨガを取り入れたヒッピーカルチャーの現代版として、マインドフルネスと呼ばれる瞑想法が近年、多くの人によって採用されています。

ファスト思考とスロー思考との組み合わせで考えるならば、近藤の「触れる」ことや「ときめき」がファスト思考にあたりますが、スロー思考は瞑想に該当することになるでしょう。

もっとも、わたしは読者に瞑想の実践を勧めるわけではありません。というより、身ひとつで行う「瞑想」ではなく、ビオトープ的な積読環境を構築し、その「自分の積読環境ごと瞑想すること」を勧めたいのです。

第一章で『記憶術全史』を紹介した際にも書いたように、かつて紙が貴重品で、クラウド環境はおろか、インターネットすらなかった時代、情報を自分の脳という身体に保存するしかなかった時代とは異なり、現代においては、情報は書籍という紙の束として大量に供給されており、またクラウドという仮想空間がインターネット上に広がっています。情報は、書籍として本棚に保存できるし、クラウドに保存することもできるようになったのです。

したがって、情報の集積としての「自己」はあなたの肉体だけでなく、あなたの本棚にも、クラウドにも拡張されています。興味深いことに、「触れて感じる」ことを推奨している近藤も『片づけの魔法』で書物や書類を処分しようとする際に、その一部をクラウドにメモしていると書いています。

クラウドを含めた積読環境のビオトープを「自己」として瞑想するとはどういうことなのでしょうか。かなり奇抜に思われるであろうこの実践を、別の言い方で表現するならば、そのときどきの自分の関心を仮に決めて、そのテーマに沿って新陳代謝させるということです。

小林が推奨したように特定の作家に狙いを定めて濫読するもよし、若松が書いたように断食をさしはさみつつ、小飼が勧めたように予算を決めて書店に行って書物を買い込み、山口が示したようにときには図にまとめながら、斎藤が言うようにためらいながら読むタイミングを待ち、そしてテーマを再考するために近藤のように片づけをしつつ、内澤のように断捨離を定期的に行うのです。

自分の積読環境を増大させながら、その内容を定期的に走査（スキャン）すること。そのたびに、テーマが変わることは良いことです。むしろ走査のたびに、テーマを変えるごとに、あなたの「セルフ」は厚みを増していくことでしょう。書物の「閉じと開かれのあいだにある」という性質、自己のファスト思考とスロー思考という二層構造の往還、自己を引き裂こうとするうしろめたさは、この厚みを育てる原動力になるはずです。

瞑想（マインドフルネス）の段階にはいくつかあるのですが、そのひとつに「ボディスキャン」と呼ばれる段階があります。足の爪先から、あるいは頭頂部から、身体のさまざまな部位に意識を向けていき、自分の身体をスキャンする段階です。自分の積読環境にこの段階を導入することによって、あなたは外部記憶装置ごと瞑想することになるのです。

このときに忘れてはならないのが、情報の濁流の脅威と、積読がもたらす「うしろめたさ」です。ファスト思考への耽溺に誘い、あなたのビオトープを破壊しかねない情報の濁流への危機感が、あなたのスロー思考を働かせます。

さあ、本を積もう

『読んでいない本について堂々と語る方法』でバイヤールは、「未読の本について堂々と語れ」と主張していました。これを額面どおりに受け取るべきなのかどうか、難しいところです。しかし能力主義の時代において、勝ち残るためには「実績」をアピールしなければなりません。情報の濁流に抗って、書物を積むばかりで「読んでいない」あなたは、「読んだ」という「実績」をアピールできない、と思うかもしれません。

しかし、これまで述べてきたように自分のビオトープ的積読環境を構築し、瞑想つまりビオトープの新陳代謝を繰り返したあなたには、すでにその「実績」があります。バイヤールが参照した「特性のない男」に登場する宮廷図書館の司書のように、蔵書を「読んでいない」状態でも、あなたはすでにそれらの書物の「位置づけ」を把握しているはずです。

「読んでいない」ことで不安だと感じるのならば、アドラーが『本を読む本』で教えてくれた、点検読書で流し読みすれば概要を掴むことができます。何を読めばいいのかわからないのならば、ショーペンハウアーのように、ひとりでまずは考えてみるのもいいでしょう。そのようにして形成した「自分の考え」を拡張するために書物はあるのです。あとは近藤のように、世界に溢れている本に「触れて」、「ときめき」を感じたら手に取ればいいのです。

情報の濁流のなかで流行の本を百冊「読んだ」と言うことはできなくても、自分なりのテーマに基づいて選んだ十冊の本を「知っている」と言えるならば、あなたはもう自己肯定感を得ているはずです。

積読とは、書物を手に入れたけれど読んでいない状態を指しますが、単に「知っている」というだけであればもはや入手している必要すらありません。その書物に書かれていることが必要になったときにアクセスできるようになっていればいいのですから、あなたがアクセスできる図書館やクラウドにその書物があればいいのです。書物の価格は今後、価値のあるものであればますます高騰していくでしょうから、自腹で購入するハードルは高くなっていきます。情報の濁流の脅威や、書物からの「いますぐ読め」という期待をより強く感じるためには自分の懐を痛めるほうが有効です。しかし、あなたもきっと払っているであろう税金によって運営されている図書館や、あなたの友達にその出費を担ってもらっても構いません。あなたの「セルフ」は拡張されています。それを無視（ネグレクト）

するのではなく、定期的に、庭に手を入れるようにケアをして運用していくことが大事なのです。

さあ、あなたの欲しい本をいますぐ注文しましょう。あなたはどんなテーマに興味があるのでしょうか。自分の興味関心を見つめなおし、クラウドのなかに「欲しい本」のリストを作りましょう。手持ちの資金から予算を決めて書店に繰り出すのもいいでしょう。すでに税金を払ってしまって手元にお金がないのなら、遠慮なく図書館に欲しい本をリクエストしましょう。あなたは情報の濁流のただなかにいます。そのカオスに飲み込まれてしまう前に。

おわりに

ほら、これが私が書き、読んだものです。そして、あなたがた読者がこれから読むと私が書くものなのです。それを読み終わった後で、あなたがたは序文をあらためて手に入れることができるでしょう。結局のところ、あなたがたはまだこの序文を読んでいないのです。序文を読んだことで、あなたがた読者は、それに続くすべてのもの、読むのをほとんど省くことができるかもしれないすべてのものを、すでに先取りしたのではありますが。

（ジャック・デリダ「書物外 序文」『散種』八～九頁）

これは、わたしが本書冒頭「はじめに」のエピグラフにしようとしていた一節です。エピグラフとは、書物の冒頭やそれぞれの章の前に置かれる金言や引用文のこと。もうすでにご覧になったかもしれませんが、実際にはこの文言は「はじめに」の前に付されていません。本書をできるだけ読み口の軽い、気楽なものにしたかったので敢えて削りました。

エピグラフはいわば本文の「飾り」です。引用によって書物や文章に「箔」をつける機能もあります。しかしもちろん、それだけではありません。エピグラフは、本文で書いてあることの「外」に付されることで、一冊の本の「中」に、あるいはひとつひとつの章の「中」に、深みを加えるという役割も果たします。カレーライスにとっての福神漬けやラッキョウ、牛丼にとっての紅ショウガ、コース料理の前菜のようなもので、メインディッシュではなく、不要な付け合わせに過ぎないとすることもできれば、あるとないとでは大違いだということもできるものです（なおわたしはエピグラフが大好物で、エピグラフのない書物にはそれだけでがっかりします）。

本書の本文では、アドラーをはじめとしたさまざまな論者が読書の仕方を説く様子を取り上げましたが、その「読書の方法」のひとつに、目次やまえがき、あとがきを読んで本の概要を掴む、という方法がありました。「はじめに」から削った、さきほどの「エピグラフ」（実際にはエピグラフにはならなかった文章）は、二十世紀の現代思想を代表する哲学者ジャック・デリダの著作の一節で、デリダがアドラーらと同様のことを彼なりに書いた部分として読める箇所です。

デリダは『散種』という論文集的な著作の冒頭に「書物外　序文」と題した文章を置いており、さきほどの引用はそこからとられています。

デリダは『散種』の序文として「私が書き、読んだもの」を「あなたがた読者がこれから読む」と書き、「あなたがたはまだこの序文を読んでいないのです」と書きます。しかしそのあとに即座に「序文を読んだこと」で「それに続くすべてのもの」を「すでに先取りしたのではありますが」と続けます。

簡単に言ってしまえば、デリダはここで「読む」ことの可能性と不可能性が「矛盾しながら共存していること」を示しています。簡単に言ってしまえばそうなのですが、もちろんこの「矛盾しながら共存していること」は簡単なことではないので、デリダは「序文」と題したこの文章を実に九十ページ（邦訳版）も割く議論に発展させています。

わたしがいまここに書いている「おわりに」は、もちろんあくまで本書のあとがきです。デリダが何を書いているのかは『散種』をあたってご確認ください。

本書の「はじめに」で削ったエピグラフが、もし削られずに残されていたとしたら、読者は本書を読む前にまずデリダの『散種』を読まねばならない、と思ってしまうかもしれません。そして実際には削ったにもかかわらず、この「おわりに」でこの一節を「エピグラフにしようとしていた」とわたしが書いたのを読んだことで、またついさきほどわたしが「デリダが何を書いているのかは『散種』をあたってご確認ください」とも書いたために、読者はやはり『散種』を読まねばならない、と思うかもしれません。しかし本書の本文でわたしは繰り返し「本は読まないでもいい」と主張しました。ひとまずは、読者は『散種』をまだ読まないでも構いません。今後も読まなくたって構いません。しかしもし読みたくなってしまったのならば、ぜひまずは「積んで」ください。

本書にはたくさんの著者の議論が俎上に載せられていますが、それらについても読者が読む必要はありません。読者の皆さんが本書で名前を見かけた書物は、あなたがたが「読んでいない」かもしれないのにもかかわらず、それを無視して「語られて」いきます。読書はその「語り」を前にして、否応なく、語り手であるわたしの「読み」を共有することになります。読者の皆さんは、わたしが共有しようと試みる「読み」を時には受け入れ、時には拒絶しながら、あなたがたなりの「読み」をしていくことになりました。当たり前ですが、それが読書です。本書を途中で閉じて（あるいは初めから閉じたまま開かずに）、本書が推奨する「積読」にする読者もいるでしょう。本書を読めばわかってもらえると思いますが、本書を積読することは、それ自体が本書を読んでいることでもあります。そして本書を読んでいない人や、本書を読んだけれどよくわからなかった人にとっても同様に、本書を積読することは、「読んでいない」と同時に「読んでいる」ことでもあります。なんだ、それじゃあ読んでも読まなくても同じではないか、と思われるかもしれません。たしかに、簡単に言ってしまえば、読んでも読まなくても、書物は書物のままそこにあり、ただ積まれ、ただ置かれているということに変わりがないという意味では同じです。本書でたびたび言及するジャン＝リュック・ナンシーの「書物は閉じと開かれのあいだにあるもの」という言葉は、実際には次のように書かれています。

書物の真の特性を、その virtus operativa〔効力〕ないし vis magica〔魔力〕を、あるいはまた、その書物性とでも呼ぶべきものを見いだすには、書物がその開きと閉じとのあいだに組織し、維持している関係を探るほかない。扉は開かれているか閉ざされているかのいずれかでなくてはならない、と諺に言うが〔「中途半端ではいけない」の謂〕、書物はそのいずれかであってはならない。それはつねに両者のあわいにあり、つねに一方から他方へと移ろいゆくものなのだ。

（『思考の取引』一〇頁）

書物は、それが閉じている状態と開かれている状態のあいだ（あわい）にあって、両方の状態をつねに行ったり来たりするものである、とナンシーは言うのです。これは「積んでいる」状態と「読んでいる」状態のあいだに書物があり、その両方の状態を行ったり来たりしているということです。読者が書物を読もうが積もうが、書物の方はどちらの状態でも存在し続けることができるし、むしろその両方の状態のあいだにあるというわけです。読者は、そのような「閉じと開かれのあいだにある」書物を、閉じたり開いたりして、積んだり読んだりすることになります。

本書でわたしは、読んでも読まなくても変わらない書物の存在（積読）を前に、人がどのように読書をするのか、を論じてきたはずです。エピグラフのような、本文ではないし著者が「自分の言葉で書いたもの」でもない要素は、書物のこの独特の存在の仕方を示すものです。書物には、このような独特の存在の仕方を示す要素が無数にあります。その書物が何に書かれているのか、何語で書かれているのか、どのようなブックデザイン、どのような装丁（造本）をされているのか、誰がいつどのように発行し、どのように流通してきたのか、読書をするときも、積読をするときも、これらの要素を「読む」ことができるし、また「読まないでいる」こともできます。

ちなみに、本、書物とそこに書かれた文字とりわけ「本文」とが同一視されがちだという傾向は興味深いことです。たとえば紙の本と電子書籍は、仮にタイトルが同じでも物理的な存在の仕方は全く違います。造本とは、本の構造や使う紙、どのようにそれらのページを綴じるのかという、いわば建築的な側面を指しますが、電子書籍とくにアマゾンのキンドルなどではすべて電子化されてその差異は無化されます。わたしは視力が弱いのと移動が多いので電子書籍の読み上げ機能を活用することが多いのですが、電子書籍化にあたって本文デザインを尊重して紙の本のレイアウトを画像にして「電子書籍」として提供されると読み上げができずかえって困ることがあります。このようなとき、わたしも書物のモノとしての側面を軽視しているというか、ほとんど無視しています。

なお先ほど書いたように、造本とは書物の建築的な側面を強調するときに使われますが、同様にブックデザインの意味で使われることばに装丁（装釘、装幀、装訂と書くこともある）があります。これらはどういうわけか書物のカバーデザインを主に指す言葉として使われることがあるのですが、本のデザインとは当然、カバーデザインだけにとどまるモノではありません。しかしキンドルの場合、デザイナーの創意工夫は「表紙」と題されたページに面影を残すだけ、あるいはサムネイルやアイコンのように、縮小されて表示されるだけです。造本と装丁も別の言葉として使われる場合があります。これは建築のたとえをつかうならば、構造上のデザインを中心にするか、建築物の正面側（ファサード）の見た目を中心にするか、という違いだとわたしは考えています。しかし言葉の定義は人によって違うので、ケースバイケースで他のニュアンスで使うひともいるでしょう。ブックデザインをどう呼ぶかでニュアンスが変わるのも、書物についての興味深い性質だと思います。なお「デザイン」という言葉にも企画をする、陰謀を巡らすという意味合いがあり、「書物」そのものとはまた違った時間感覚をもっていてとても興味深いとわたしは考えています。

本書でわたしは、書物の存在がどのようなものとされてきたのか、そして書物の存在が今後どのようになっていくのか、それを積読論として、また情報の濁流とわたしが呼ぶものがどのような経過を辿り、また現在どのようになっていて、そして今後どのようになっていくかを論じ、そのようなマクロな積読環境のなかでどのように読書が可能なのかという読書論として、ビオトープ的積読環境の構築とわたしが呼ぶものをどのように運用するのかを論じてきました。

結局のところ、本書の主題は何だったのでしょうか。それは、増殖を続け自ら崩壊していく情報の濁流というマクロな積読環境と、そのなかでビオトープ的な積読環境をどのように構築し、どのように運用するか、これを明らかにすることです。

かつては希少な贅沢品だった書物というモノは、情報の濁流の発展に伴い、大量生産され、大量に流通する、いわゆる消費財の側面を持つようになりました。現在の書物には、「単なる情報の一過性の容れ物」という消費財の側面と、「情報を半永久的に保持する」という消費に抵抗する側面をもっています。

この「矛盾を内包する性質」は、それ自体が流通することでしか意味を持たないにもかかわらず、貯蓄されて効力を発揮しもする貨幣や、それを使う人たち（ユーザーサイド）からは見えないようにされつつサービスや機能を提供するコンピュータ群（サーバーサイド）とそこで動く膨大なプログラムにも通じるものです。貨幣にはその額面価格を示す文字が不可欠ですし、コンピュータのプログラムもまた「書かれたもの」なので、どちらも広義の「書物」として扱えるのではないでしょうか。

いささか突飛に思われるかもしれませんが、現在の出版界にグローバルな影響を与えているアマゾン社の創業者ジェフ・ベゾスが金融業出身であること、いまやクラウド事業で利益の大半を生み出しているアマゾンがその活動の端緒にオンライン書店業を選んでいたこと、そして将来的にアマゾンが銀行業に進出する可能性があること、さらには昨今ますます普及しつつある電子通貨の問題を考慮すると、わたしのこの想定も単に突飛なだけとは言えないのではないかと思います。

もっとも、貨幣やコンピュータプログラムまでを「積読」に含めて真面目に議論するという企ては、あくまで普通の紙の書物やせいぜい電子書籍の「積読」についての話を期待するであろう多くの読者にはアクロバティックすぎるのではないかと考え、本書では仄めかす程度に留めました。いずれどこかであらためてまとめたいテーマです。

なお本書はご存じのとおり、『積読こそが完全な読書術である』と題しました。本文で挙げた『読んでいない本について堂々と語る方法』のピエール・バイヤールは「完全な読書など不可能である」と説いています。しかしそれは読者の側からの話。「読まれること」と同時に「積んでおくためのもの」でもある書物の側からすれば、積んである状態はそれだけで完全な状態です。

人間が読んでいない状態＝「積読」の状態のままで、書物は言うまでもなく完結しています。人間の読書は不可避的に不完全なものなのですが、積読の状態は唯一、完全性を認められる状態です。本書の書名はこの逆説に基づいています。

したがって、わたしは「人間が積読をすること」が「完全な読書」をする方法であると主張したいわけではありません。人間は完全な読書を成し遂げることはできません。読書は、単に積読の一部でしかありません。人間の不完全な読書は、それ自体で完全である積読の一部で、局所的に、かりそめに展開されるだけなのです。だからといって悲観するべきだとはわたしは考えていません。どんなに不完全であっても、何かを書き、それを積むことで、いつか誰かに読まれるかもしれないということ、誰かがいつかそれを読めるかもしれないということは、書物を生み出し、それを継承し続ける限り、何かを読める人の希望であり続けるからです。

さて、本書の執筆にあたって編集者の方便凌さんにはひとかたならぬお力添えを賜りました。積読の概念をどこまでも拡張しようとするわたしの暴走に対して、的確な方向修正を施し本書の完成を導いてくれた方便さんのご尽力にはいくら感謝しても足りません。

本書の装丁を水戸部功さんに手掛けていただけたことは望外の喜びでした。『これからの「正義」の話をしよう』『ポリフォニック・イリュージョン』など水戸部さんの手掛けてこられたブックデザインは、情報の濁流のなかで雲散霧消しかけている「書物」の在り方を問う本書に著者であるわたしとは別の仕方で意味を与えてくれるものだと思います。

また本書はかつてわたしが「時間銀行書店」を名乗って刊行した『サイコパスの読書術——暗闇で本を読む方法』を下敷きにして全面的に改稿したものです。改稿にあたって『サイコパスの読書術』の記述の大半を削りほとんどの部分は書き下ろしたのですが、それでも『サイコパスの読書術』がなければ本書は存在しませんでした。『サイコパスの読書術』の編集に協力してくれた梁川利明さんと汐月陽子さん、そして『サイコパスの読書術』のデザインを担当してくれた黒木契吾さんにも、ここでお名前を挙げて感謝の意を表しておく必要があります。『サイコパスの読書術』以前にわたしが発表してきたさまざまな媒体の書きものについても、多くの友人に助けてもらいました。ここでそのひとつひとつ、ひとりひとりの名前を挙げることができないことは残念でなりません。

そもそもわたしが書評家を名乗ることを躊躇していたときに太鼓判を押してくださったのは、能勢伊勢雄さんでした。能勢さんの『新・音楽の解読』には、あらゆる事象を結びつけ、音楽すらも「解読」するという姿勢を学びました。わたしが今回書いたこの本はもっぱら紙の書物について論じたものですが、能勢さんをはじめ、一般に「読むもの」と考えられていないものを「読む」ということを何人もの先輩方のそれぞれ異様なご活躍に学んできました。それぞれのお名前を挙げる余裕はありませんが、この場を借りてお礼申し上げます。

最後に、本書執筆のあいだ絶え間なく励ましてくださった友人諸氏、家族と恋人に、また本書を手にとって書架に加えることを選んでくださった読者の皆様に、そして本書が積読されるときに本書の下に積まれて、本書を物理的にも理念的にも支えてくださるであろう全ての書物と、それらを世に送り出してくださった皆様、本書を含めたそれらの書物を保持してくださるすべての方々に、心より感謝申し上げて、この「おわりに」の筆をおくことにします。

二〇二〇年二月

永田希

参考文献

ハビエル・アスペイティア『ヴェネツィアの出版人』八重樫克彦、八重樫由貴子訳、作品社、二〇一八年。

東浩紀『存在論的、郵便的——ジャック・デリダについて』新潮社、一九九八年。

モーティマー・J・アドラー、チャールズ・V・ドーレン『本を読む本』外山滋比古、槇未知子訳、講談社学術文庫、一九九七年。

安藤哲也ほか『出版クラッシュ!?——書店・出版社・取次 崩壊か再生か 超激震鼎談・出版に未来はあるか? II』編書房、二〇〇〇年。

今福龍太『身体としての書物』東京外国語大学出版会、二〇〇九年。

歌田明弘『電子書籍の時代は本当に来るのか』ちくま新書、二〇一〇年。

ウンベルト・エーコ『薔薇の名前』上下巻、河島英昭訳、東京創元社、一九九〇年。

ウンベルト・エーコ、ジャン=クロード・カリエール『もうすぐ絶滅するという紙の書物について』工藤妙子訳、阪急コミュニケーションズ、二〇一〇年。

小田光雄『書店の近代——本が輝いていた時代』平凡社新書、二〇〇三年。

尾鍋史彦『紙と印刷の文化録——記憶と書物を担うもの』印刷学会出版部、二〇一二年。

ダニエル・カーネマン『ファスト&スロー——あなたの意思はどのように決まるか?』上下巻、村井章子訳、ハヤカワ・ノンフィクション文庫、二〇一四年。

加藤周一『読書術』岩波現代文庫、二〇〇〇年。

加藤好郎ほか編『書物の文化史——メディアの変遷と知の枠組み』丸善出版、二〇一八年。

金森修『新装版 サイエンス・ウォーズ』東京大学出版会、二〇一四年。

鎌田浩毅『理科系の読書術――インプットからアウトプットまでの28のヒント』中公新書、二〇一八年。

岸恵美子『ルポ ゴミ屋敷に棲む人々――孤立死を呼ぶ「セルフ・ネグレクト」の実態』幻冬舎新書、二〇一二年。

近自然研究会編『ビオトープ――環境復元と自然再生を成功させる101ガイド』誠文堂新光社、二〇〇四年。

ジャン゠ジョゼフ・グー『言語の金使い――文学と経済学におけるリアリズムの解体』土田知則訳、新曜社、一九九八年。

ジェイムズ・グリック『インフォメーション――情報技術の人類史』楡井浩一訳、新潮社、二〇一三年。

桑木野幸司『記憶術全史――ムネモシュネの饗宴』講談社選書メチエ、二〇一八年。

ケヴィン・ケリー『〈インターネット〉の次に来るもの――未来を決める12の法則』服部桂訳、NHK出版、二〇一六年。

紅野謙介『書物の近代――メディアの文学史』ちくま学芸文庫、一九九九年。

古賀弘幸『文字と書の消息――落書きから漢字までの文化誌』工作舎、二〇一七年。

小飼弾『本を遊ぶ――働くほど負ける時代の読書術』朝日文庫、二〇一八年。

小林秀雄『読書について』中央公論新社、二〇一三年。

ニコラ・コンタ『18世紀印刷職人物語』宮下志朗訳、水声社、二〇一三年。

近藤麻理恵『人生がときめく片づけの魔法 改訂版』河出書房新社、二〇一九年。

齋藤孝『読書力』岩波新書、二〇〇二年。

佐々木俊尚『電子書籍の衝撃』ディスカヴァー携書、二〇一〇年。

アンドレ・ジッド「贋金つくり」、『アンドレ・ジッド集成Ⅳ』二宮正之訳、筑摩書房、二〇一七年。

清水徹『書物について――その形而下学と形而上学』岩波書店、二〇〇一年。

ロジェ・シャルチエ編『書物から読書へ』水林章ほか訳、みすず書房、一九九二年。

ロジェ・シャルチエ『書物の秩序』長谷川輝夫訳、ちくま学芸文庫、一九九六年。

ジョルジュ・ジャン『文字の歴史』矢島文夫訳、創元社、一九九〇年。

壽岳文章『壽岳文章書物論集成』沖積舎、一九八九年。

出版年鑑編集部編『出版年鑑』出版ニュース社、一九六五年、二〇一六年、二〇一七年、二〇一八年。

ショーペンハウアー『意思と表象としての世界』一〜三巻、西尾幹二訳、中公クラシックス、二〇〇四年。

ショウペンハウエル『読書について 他二篇』斎藤忍随訳、岩波文庫、一九八三年。

ベルナール・スティグレール『技術と時間1――エピメテウスの過失』西兼志訳、法政大学出版局、二〇〇九年。

ベルナール・スティグレール『技術と時間2――方向喪失』西兼志訳、法政大学出版局、二〇一〇年。

ブラッド・ストーン『ジェフ・ベゾス 果てなき野望――アマゾンを創った無敵の奇才経営者』井口耕二訳、日経BP、二〇一四年。

リチャード・セイラー&キャス・サンスティーン『実践行動経済学』遠藤真美訳、日経BP、二〇〇九年。

アラン・ソーカル、ジャン・ブリクモン『「知」の欺瞞――ポストモダン思想における科学の濫用』田崎晴明ほか訳、岩波現代文庫、二〇一二年。

ジェイコブ・ソール『帳簿の世界史』村井章子訳、文春文庫、二〇一八年。

高階秀爾ほか『書物の世界――共同討議』青土社、一九八〇年。

竹内悊『生きるための図書館――一人ひとりのために』岩波新書、二〇一九年。

橘玲『「読まなくてもいい本」の読書案内――知の最前線を5日間で探検する』ちくま文庫、二〇一九年。

蔡星慧『出版産業の変遷と書籍出版流通――日本の書籍出版産業の構造的特質』出版メディアパル、二〇一二年。

千葉雅也「不完全性の権威」、『web ちくま』掲載、二〇一六年二月〇二日。

http://www.webchikuma.jp/articles/-/357
千葉雅也『動きすぎてはいけない――ジル・ドゥルーズと生成変化の哲学』河出文庫、二〇一七年。

寺尾隆監修『図書館徹底活用術』洋泉社、二〇一七年。

ジャック・デリダ『パピエ・マシン』上下巻、中山元訳、ちくま学芸文庫、二〇〇五年。

ジャック・デリダ『散種』藤本一勇ほか訳、法政大学出版局、二〇一三年。

ジャック・デリダ『アーカイヴの病――フロイトの印象（新装版）』福本修訳、法政大学出版局、二〇一七年。

ジル・ドゥルーズ&フェリックス・ガタリ『アンチ・オイディプス――資本主義と分裂症』上下巻、宇野邦一訳、河出文庫、二〇〇六年。

ジル・ドゥルーズ&フェリックス・ガタリ『千のプラトー――資本主義と分裂症』上中下巻、宇野邦一ほか訳、河出文庫、二〇一〇年。

アラン・G・トマス『美しい書物の話――中世の彩飾写本からウィリアム・モリスまで』小野悦子訳、晶文社、一九九七年。

外山滋比古『「読み」の整理学』ちくま文庫、二〇〇七年。

中島敦「文字禍」、『中島敦』ちくま日本文学、二〇〇八年。

ジャン＝リュック・ナンシー『思考の取引――書物と書店と』西宮かおり訳、岩波書店、二〇一四年。

西牟田靖『本で床は抜けるのか』中公文庫、二〇一八年。

ニコラス・ネグロポンテ『ビーイング・デジタル――ビットの時代 新装版』福岡洋一訳、アスキー、二〇〇一年。

能勢仁『平成出版データブック――『出版年鑑』から読む30年史』ミネルヴァ書房、二〇一九年。

野村悠里『書物と製本術――ルリユール／綴じの文化史』みすず書房、二〇一七年。

ジョナサン・ハイト『社会はなぜ左と右にわかれるのか――対立を超えるための道徳心理学』高橋洋訳、紀伊國屋書店、二〇一四年。

ピエール・バイヤール『読んでいない本について堂々と語る方法』大浦康介訳、ちくま学芸文庫、二〇一六年。

フェルナンド・バエス『書物の破壊の世界史――シュメールの粘土板からデジタル時代まで』八重樫克彦、八重樫由貴子訳、紀伊國屋書店、二〇一九年。

秦洋二『日本の出版物流通システム――取次と書店の関係から読み解く』九州大学人文学叢書、二〇一五年。

畠山貞『出版流通ビッグバン――21世紀の出版業界を読む』日本エディタースクール出版部、一九九八年。

ユヴァル・ノア・ハラリ『サピエンス全史――文明の構造と人類の幸福』上下巻、柴田裕之訳、河出書房新社、二〇一六年。

ユヴァル・ノア・ハラリ『ホモデウス――テクノロジーとサピエンスの未来』上下巻、柴田裕之訳、河出書房新社、二〇一八年。

ユヴァル・ノア・ハラリ『21 Lessons――21世紀の人類のための21の思考』柴田裕之訳、河出書房新社、二〇一九年。

スティーブン・ピンカー『21世紀の啓蒙――理性、科学、ヒューマニズム、進歩』上下巻、橘明美、坂田雪子訳、草思社、二〇一九年。

ミシェル・フーコー『性の歴史III――自己への配慮』田村俶訳、新潮社、一九八七年。

リュシアン・フェーヴル、アンリ＝ジャン・マルタン『書物の出現』上下巻、関根素子ほか訳、ちくま学芸文庫、一九九八年。

ブックオカ編『本屋がなくなったら困るじゃないか――11時間ぐびぐび会議』西日本新聞社、二〇一六年。

エドムント・フッサール『幾何学の起源 新装版』田島節夫ほか訳、青土社、二〇一四年。

プラトン『パイドロス』藤沢令夫訳、岩波文庫、一九六七年。

G・フローベールほか『愛書狂』生田耕作編訳、平凡社ライブラリー、二〇一四年。

アンドルー・ペティグリー『印刷という革命――ルネサンスの本と日常生活 新装版』桑木野幸司訳、白水社、二〇一七年。

ダニエル・ヘラー＝ローゼン『エコラリアス――言語の忘却について』関口涼子訳、みすず書房、二〇一八年。

松岡正剛『多読術』ちくまプリマー新書、二〇〇九年。

松本昇平『出版販売用語の始まり』ビー・エヌ・エヌ、一九九二年。

ポール・ド・マン『盲目と洞察――現代批評の修辞学における試論』宮﨑裕助、木内久美子訳、月曜社、二〇一二年。

アルベルト・マンゲル『図書館――愛書家の楽園 新装版』野中邦子訳、白水社、二〇一八年。

水村美苗『増補 日本語が亡びるとき――英語の世紀の中で』ちくま文庫、二〇一五年。

ローベルト・ムージル『ムージル著作集 第二巻 特性のない男 II』加藤二郎訳、松籟社、一九九二年。

村上信明『出版流通とシステム――「量」に挑む出版取次』新文化通信社、一九八四年。

メンタリストＤａｉＧｏ『知識を操る超読書術』かんき出版、二〇一九年。

森井良「初期ジッドにおける貨幣の表象――『カンドール王』を中心に――」、『フランス文学語学研究』第三五号、早稲田大学大学院『フランス文学語学研究』刊行会、二〇一六年、七九〜九〇頁。

ウィリアム・モリス『理想の書物』川端康雄訳、ちくま学芸文庫、二〇〇六年。

山口周『外資系コンサルが教える 読書を仕事につなげる技術』ＫＡＤＯＫＡＷＡ、二〇一五年。

山田昌弘『希望格差社会――「負け組」の絶望感が日本を引き裂く』ちくま文庫、二〇〇七年。

山本義隆『一六世紀文化革命』一〜二巻、みすず書房、二〇〇七年。

吉川浩満『理不尽な進化――遺伝子と運のあいだ』朝日出版社、二〇一四年。

若松英輔『霊性の哲学』角川選書、二〇一五年。

若松英輔『小林秀雄 美しい花』文藝春秋、二〇一七年。

若松英輔『本を読めなくなった人のための読書論』亜紀書房、二〇一九年。

永田 希
（ながた・のぞみ）
書評家。1979年、アメリカ合衆国コネチカット州生まれ。
書評サイト『Book News』を運営。
『週刊金曜日』書評委員。
その他、『週刊読書人』『図書新聞』
『HONZ』『このマンガがすごい!』『現代詩手帖』
『はじめての人のためのバンド・デシネ徹底ガイド』で執筆。

積読《つんどく》こそが完全《かんぜん》な読書術《どくしょじゅつ》である

2020年4月20日　第１刷発行
2020年6月20日　第２刷発行

著者　永田 希
装丁　水戸部 功＋北村陽香
DTP　臼田彩穂
編集　方便 凌
発行人　北畠夏影
発行所　株式会社イースト・プレス
〒101-0051
東京都千代田区神田神保町2-4-7 久月神田ビル
TEL 03-5213-4700
FAX 03-5213-4701
https://www.eastpress.co.jp
印刷所　中央精版印刷株式会社

ISBN978-4-7816-1864-7　C0095

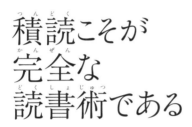